T0078435

Cuando Dios calla

SOBREVIVIENDO EN MEDIO DE LA ADVERSIDAD

ALICIA HERRERA

WESTBOW
PRESS®
A DIVISION OF THOMAS NELSON
& ZONDERVAN

Derechos reservados © 2021 Alicia Herrera.

Todos los derechos reservados. Ninguna parte de este libro puede ser
reproducida por cualquier medio, gráfico, electrónico o mecánico,
incluyendo fotocopias, grabación o por cualquier sistema de almacenamiento
y recuperación de información sin el permiso por escrito del editor
excepto en el caso de citas breves en artículos y reseñas críticas.

Este libro es una obra de no ficción. A menos que se indique lo contrario, el
autor y el editor no hacen ninguna garantía explícita en cuanto a la exactitud
de la información contenida en este libro y en algunos casos, los nombres
de personas y lugares se han modificado para proteger su privacidad.

Puede hacer pedidos de libros de WestBow Press en
librerías o poniéndose en contacto con:

WestBow Press
A Division of Thomas Nelson & Zondervan
1663 Liberty Drive
Bloomington, IN 47403
www.westbowpress.com
844-714-3454

Debido a la naturaleza dinámica de Internet, cualquier dirección web o
enlace contenido en este libro puede haber cambiado desde su publicación
y puede que ya no sea válido. Las opiniones expresadas en esta obra son
exclusivamente del autor y no reflejan necesariamente las opiniones del editor
quien, por este medio, renuncia a cualquier responsabilidad sobre ellas.

El texto Bíblico ha sido tomado de la versión Reina-Valera © 1960 Sociedades
Bíblicas en América Latina; © renovado 1988 Sociedades Bíblicas Unidas.
Utilizado con permiso. Reina-Valera 1960™ es una marca registrada de la
American Bible Society, y puede ser usada solamente bajo licencia.

ISBN: 978-1-6642-1806-2 (tapa blanda)
ISBN: 978-1-6642-1805-5 (libro electrónico)

Las personas que aparecen en las imágenes de archivo
proporcionadas por Getty Images son modelos. Este tipo de
imágenes se utilizan únicamente con fines ilustrativos.
Ciertas imágenes de archivo © Getty Images.

Información sobre impresión disponible en la última página.

Fecha de revisión de WestBow Press: 01/18/2021

Indice

Introducción

"Fueron mis lágrimas mi pan de día y de noche.
¿Mientras me dicen todos los días Dónde esta tu Dios?"
Salmo 42:3

¿Donde está Dios cuando mas lo necesito? ¿Porque clamo día y noche y no responde? ¿Se habrá olvidado de mi? Estas son preguntas que podemos hacernos cuando estamos atravesando tiempos difíciles; tiempos de angustia y clamamos al Señor desesperadamente y esperamos en el y simplemente la respuesta no llega. Porque Dios puede permanecer callado cuando mas lo necesitamos. Los tiempos mas difíciles para David no fue cuando el Rey Saúl quería matarlo ni tampoco fue cuando su hijo Absalón se levanto contra él, no fue la guerra en contra de los Filisteos. El tiempo mas difícil para David fue después que peco y Dios estuvo callado con el por un tiempo. El clamaba y gemía todo el día y Dios no le contestaba. El dolor mas grande que un hijo de Dios puede experimentar es el silencio de Dios. En las escrituras se registran varios periodos de silencio y cada uno puede ser con un propósito diferente. Este libro es el resultado de una prueba muy difícil que pase en mi vida. Es lo mas difícil que me ha tocado vivir en mi vida de cristiana. Mas de cuatro años de lucha: problemas de salud, problemas en la familia, emocionalmente me sentía derribada. Cada día era un día de lucha, tenia que fortalecerme en el Señor diariamente y depender de El para poder pasar ese día. Cada día buscaba su gracia para poder permanecer. Me llegue a sentir como Job y casi sin fuerzas para continuar, pero Dios nunca se olvida de sus hijos y el que confía en Jehová es levantado.

Dios puede permanecer callado por varios motivos. Cuando oramos Dios puede decir Si, puede decir no, puede decir espera, pero también puede permanecer callado. Y ese tiempo de silencio puede ser muy difícil para nosotros cuando estamos desesperados y clamamos a gritos y no hay una respuesta. Dios siempre escucha nuestras oraciones y mira nuestras acciones ya sean buenas o malas, pero puede callar por diferentes motivos: Dios prueba nuestra fe, puede ser un proceso donde Dios quiere pulirnos y sacar lo mejor de nosotros especialmente cuando le pedimos que queremos ser útiles para su reino. El silencio de Dios también puede ser el resultado del pecado, cuando hay pecado en nuestra vida contristamos el Espíritu Santo y no vamos a poder oír la voz de Dios como en el caso de David. David clamaba todo el día porque para el era terrible no escuchar de Dios.

> *Salmo 32:3-4 Mientras callé, se envejecieron mis huesos en mi gemir todo el día. Porque de día y de noche se agravo sobre mi tu mano; se volvió mi verdor en sequedades de verano.*

Cuando Dios nos pasa por el desierto es porque quiere enseñarnos a depender completamente de el. Dios nos enseña a confiar en su gracia. Por medio de las aflicciones Dios nos ayuda a formar un carácter; el carácter de Cristo es perfeccionado en nosotros. Dios nos enseña a morir a nosotros mismos y vivir para el. Podemos llegar a sentirnos como el salmista desesperados o podemos aferrarnos fuertemente a sus promesas y a confiar en el. Esa confianza en él nos va a sostener en esos tiempos difíciles. Aunque Dios puede callar por un tiempo o por mucho tiempo, Dios siempre esta haciendo algo y lo mas importante en todo tiempo difícil es buscar cual es el propósito, debemos buscar que es lo que Dios me quiere enseñar en todo esto.

Dios permaneció callado con su pueblo por cuatrocientos años y eso no significo que se había olvidado de ellos a su tiempo levanto a un libertador. Levanto a alguien y lo uso para sacar a su pueblo del sufrimiento donde habían estado por muchos años. La lucha no termino para ellos cuando salieron de Egipto. Dios los paso por un desierto donde enfrentaron muchas dificultades y en medio de ese desierto conocieron realmente quien era Dios y tuvieron que aprender a confiar en el ya que no tuvieron otra opción. El desierto fue para ellos y especialmente para Moisés la mejor escuela y forma de conocer a Dios.

Le doy gracias a Dios por los tiempos de luchas porque me han ayudado a crecer, pero sobre todo me han ayudado a tener una dependencia mas total en Dios. Le doy gracias a Dios porque me sostuvo y no perdí mi fe, tuve temor de perder la fe, pero Dios me sostuvo y fortaleció mi fe. Dios siempre nos va a dar de su gracia y su favor para seguir caminando si en lugar de desesperarnos buscamos su presencia. Cuando sentía que ya no podía continuar ahí estaba su mano de poder que me daba nuevas fuerzas y me ayudaba a seguir caminando. En los días mas obscuros que he pasado en mi vida, donde oraba y no veía la salida, en medio de esa obscuridad, Dios estaba conmigo. Y se que estaba conmigo porque creo en su palabra.

Los tiempos de lucha pueden ser muy difíciles, pueden traernos dolor y angustia, ¡pero también pueden traernos muchas bendiciones!

Cuando oramos lo hacemos primero esperando que nuestra oración llegue a la presencia de Dios y que su oído este atento a nuestra petición. Si oramos es porque esperamos una respuesta y claro esperamos que Dios nos diga que si a nuestra petición. Dios no siempre va a decir si. Dios conoce todas las cosas aun nuestros pensamientos. Creo que Dios siempre escucha nuestras oraciones, pero no siempre nos va a contestar de acuerdo a nuestra voluntad. Solo El conoce el corazón del hombre y el que quiere honrar a Dios va a padecer de alguna manera. Podemos tener tantas cosas de las que necesitamos arrepentirnos y muchas otras cosas que necesitamos entregar a Dios.

Los tiempos difíciles nos ayudan a escudriñar nuestro corazón y ver si hay pecado en el. Las pruebas no siempre son la consecuencia del pecado, pero algunas veces si, entonces necesitamos buscar la guianza del Espíritu Santo para que nos indique en que estamos fallando. La Palabra de Dios dice que el pecado nos aparta de Dios y su oído no va a estar atento a nuestras necesidades.

*Isaías 59:2 Pero vuestras iniquidades han hecho división
entre vosotros y vuestro Dios, y vuestros pecados han
hecho ocultar de vosotros su rostro para no oír.*

El primer paso que debemos dar es hablarle a Dios como lo hizo el Salmista cuando dijo:

*"Examíname, oh Dios, y conoce mi corazón; pruébame
y conoce mis pensamientos; y ve si hay en mi camino
de perversidad y guíame en el camino eterno". Salmos
139:23-24*

El corazón puede ser engañoso y solo Dios lo conoce, aun nosotros mismos podemos caer en engaño pensando que esta todo bien en nuestra vida; sin embargo, podemos tener cosas que a Dios no le agradan. Cosas que necesitamos entregar, cosas que necesitamos dejar. Puede ser falta de perdón, egoísmo, amargura, etc. Hay tantas cosas que podemos guardad.

Yo tenia un baúl repleto.

Necesitamos entregarle todo a Dios y aunque no lo hagamos, el va a tratar de quitar lo que este torcido en nosotros y si para esto tiene que usar la adversidad, El lo va a hacer y lo hace porque quiere que vivamos una vida plena en todos los sentidos. Para que todas estas cosas salgan a la luz necesitamos buscar a Dios en profundidad y el nos va a revelar las cosas que necesitamos dejar. Cuando queremos ser un vaso de honra que Dios pueda usar, tenemos que pasar estos procesos de limpieza, de purificación. Para honrar a Dios con nuestra vida, existe un precio alto que debemos de estar dispuestos a pagar. A los apóstoles les costo mucho honrar a Dios. Al mismo Jesucristo le costo mucho honrar al Padre, le costo todo, El estuvo dispuesto a darlo todo. Dio su vida completamente. Estos procesos de limpieza pueden ser dolorosos. Dios quiere sacar lo mejor de nosotros por eso pasamos por procesos de limpieza y restauración.

1

¿Porqué la Adversidad?

Vivimos en un mundo caído

A veces pensamos que porque somos hijos de Dios no nos va a llegar la adversidad cuando es todo lo contrario, sabemos que tenemos un enemigo y el siempre nos va a estar tirando. La verdad es que vivimos en un mundo caído, esto quiere decir gobernado por la maldad y al que quiere vivir justa y piadosamente tendrá aflicción. Pablo dice:

Hechos 14:22 Es necesario que a través de muchas tribulaciones entremos en el reino de Dios.

Cuando el hombre peco, la maldad, el pecado, y la adversidad incluyendo el pecado se extendió hacia todo ser humano incluyéndonos a nosotros. No solo Adán y Eva pecaron, la biblia dice que todos hemos pecado por lo tanto sufrimos de alguna manera las consecuencias del pecado universal. El ser hijo de Dios no nos hace inmunes a la enfermedad a cualquier tipo de adversidad al contrario somos el blanco de satanás

. El siempre va a querer robar lo que Dios ya nos dio, pero yo creo que lo que Dios da el enemigo no lo puede tomar, si somos de alguna manera oprimidos o atacados pero la victoria siempre es nuestra porque Jesús ya la gano en la cruz del calvario. Job sufrió, pero al final

Dios le devolvió todo y aun mas de lo que el diablo le quiso robar. Cuando estamos sufriendo pensamos que somos los únicos que sufrimos, pero la verdad es que la mayoría de la gente esta sufriendo unos de una manera y otros de otra. La enfermedad y el dolor son consecuencias del pecado, no siempre del pecado personal sino del pecado universal; a todos nos va a alcanzar de alguna manera. Lo importante es no olvidar que Dios nos proporciona un fundamento solido y que en medio de la tormenta el siempre esta con nosotros.

Parece que entre mas buscamos de Dios y entre mas queremos perfeccionar nuestras vidas, mas sufrimos. A veces nos podemos confundir porque no podemos entender porque los hijos de Dios sufren tanto El pueblo de Dios siempre ha sufrido mucho, hablando de los judíos, ellos padecieron esclavitud por muchos años, fueron exiliados, millones murieron durante el holocausto y todo esto nos puede hacer pensar: ¿Porqué Dios calla? ¿Porqué no interviene?

Si la persona no esta fuerte espiritualmente puede ser que se aleje de Dios, si no tenemos un conocimiento firme de la palabra puede venir desanimo y confusión.

Dios permite la adversidad con varios propósitos:

Mejorar nuestra comunión con Dios.

Cuando pasamos tiempos difíciles es cuando mas buscamos de Dios. Si todo esta bien en nuestra vida podemos llegar a acomodarnos y a olvidarnos de Dios, quizá no nos llegamos a olvidar de El completamente, pero si descuidamos el tiempo que deberíamos usar para buscar su presencia. Lo mas importante para un hijo de Dios debe ser ese tiempo que pasamos a solas con el diariamente. Dios no nos quiere ver alejados de su presencia, no nos conviene alejarnos de El y si nos alejamos entonces Dios va a usar varias maneras de llamar nuestra atención entre ellas la adversidad. Debemos darle gracias a Dios por las dificultades porque estas nos acercan mas a Dios y aprendemos a conocerlo mejor.

Sacan los trapos sucios.

El sufrimiento nos ayuda a escudriñar nuestra vida y mediante una búsqueda mas profunda de Dios, El nos va a mostrar todo lo feo que tenemos y necesitamos quitar o corregir. Podemos tener muchas áreas en las que necesitamos cambiar o perfeccionar como: actitudes feas, malos hábitos, falta de perdón, etc.

En tiempos de adversidad lo primero que debemos hacer es volvernos a Dios. En lugar de renegar, de quejarse o de revelarse contra Dios; debemos buscarle y ver cual es el propósito, que es lo que el quiere hacer en nuestra vida. Dios siempre nos quiere enseñar algo, puede ser que a veces permanezca callado, pero aun en medio de ese silencio Dios puede enseñarnos mucho.

Para que Dios nos enseñe depende mucho de nosotros, depende de que tan dispuestos estemos a buscar su presencia y a oír su voz. Si en lugar de llorar y quejarnos le buscamos el nos va a mostrar que necesitamos cambiar, de que necesitamos arrepentirnos y si estamos dispuestos El va a hacer una transformación en nuestra vida.

Aumenta Nuestra Fe.

Vamos a aprender a depender y a confiar plenamente en Dios. En una situación donde no sabes lo que esta pasando lo único que queda es confiar en Dios. Creo que uno de los principales motivos por los que Dios permite la adversidad es para aumentar nuestra fe. Conocemos al Dios de lo imposible pero El va a obrar de acuerdo con nuestra fe. ¿Que tan grande o que tan pequeña es nuestra fe? De acuerdo con nuestra respuesta eso es lo que vamos a ver en nuestra vida. La Biblia dice en Marcos 9:23 "Jesús les dijo: Si puedes creer, al que cree todo le es posible".

Por la fe Moisés saco al pueblo hebreo de Egipto, aun sin tener un conocimiento amplio de Dios; cuando Dios lo llamo Moisés obedeció sin saber como iba a ser todo el proceso. El aprendió a confiar en Dios; cuando estuvieron en el desierto y no había alimentos ni agua para beber, cuando el pueblo casi lo apedrea. Solo le quedo confiar en Dios, confió en las promesas que Dios le dio cuando le hablo y le dijo que los iba a llevar a la tierra prometida. Ellos aprendieron a confiar en Dios al ver que El proveía todas sus necesidades diarias. Cada mañana ellos esperaban la provisión para ese día, su fe aumento al ver las maravillas que Dios hacia cada día. Por ejemplo: ver el mana descender del cielo, cuando les dio agua de la roca, cuando quisieron carne, Dios les envió carne, y muchos otros milagros de los que fueron testigos. Dios siempre provee no importa que tan difícil se vea la situación. El siempre va a abrir un camino, porque él es el camino. Yo aprendí a vivir un día a la vez y cada día en la mañana buscaba el favor de Dios y le pedía su provisión para ese día.

Desarrollamos la paciencia.

La paciencia es una virtud tan grande que la mayoría de los cristianos no tenemos. En los tiempos difíciles aprendemos a esperar, aprendemos que el tiempo es de Dios y que Dios no mira el tiempo como nosotros los miramos. Nosotros ponemos una petición hoy y queremos que Dios nos conteste inmediatamente. Dios es el único que nos conoce tal y como somos y el sabe lo que necesitamos y si necesitamos paciencia entonces quizá no nos conteste tan pronto. Dios puede callar un tiempo para enseñarnos a esperar. En ese tiempo de espera Dios nos va a enseñar muchas cosas, una de ellas es que vamos a sentir su presencia tan real, que vamos a aprender que no estamos esperando solos, que El esta con nosotros y cuando aprendemos a esperar en El ya no vamos a ver la vida o el tiempo de la misma manera. El tiempo es de Dios y si estamos en su voluntad El va a obrar en el momento preciso. A veces podemos sentir que Dios llega tarde, podemos llegar a sentirnos como Marta cuando Lázaro murió. Dios a propósito se espero cuatro días para ir y Marta se sentía que había llegado muy tarde. Dios a propósito nos pasa por un tiempo de espera, El siempre esta haciendo algo, aunque no lo veamos. A veces sentimos que Dios habla a todo el mundo menos a nosotros, solo tenemos que esperar, aunque al momento no podemos entenderlo. Dios nunca llega tarde solo nos quiere enseñar a esperar en El. A todos nos cuesta esperar, los tiempos de espera pueden ser muy difíciles mas cuando buscamos y buscamos y no encontramos la salida. Dios no puede hacer un vaso de honra en unos días para eso se lleva tiempo, los israelitas pasaron en el desierto cuarenta años y ese desierto les enseño muchas cosas; así mismo nosotros si sabemos aguantar y esperar, pero esperar en El. Esperar en El es estar confiada en la fortaleza que nos da cada día; no es estar quejándonos con todo mundo por lo que nos esta pasando. Si podemos desarrollar la paciencia a su tiempo vamos a segar, pero si nos cansamos a la mitad del camino o al estar por llegar no vamos a poder ser testigos de lo que Dios tiene para nuestra vida así que sigamos luchando hasta lograr alcanzarlo

No nos cansemos, pues, de hacer bien; porque a su tiempo segaremos, si no desmayamos. Gálatas 6:9

Desarrollamos el Carácter.

El deseo de Dios es que desarrollemos el carácter de Jesucristo, la palabra de Dios dice que El nos creo a su imagen y semejanza esto quiere decir que debemos de ser como El en su carácter no físicamente porque no sabemos como es Dios, pero por medio de la palabra conocemos su carácter. Pablo dice en el libro de:

Gálatas 4:19 Hijitos míos, por quienes vuelvo a sufrir dolores de parto, hasta que Cristo sea formado en vosotros,

Para llegar a la estatura de Cristo, a un varón perfecto cuesta mucho. Dios nos puede pasar por crisis para probar y para fortalecer nuestro carácter. La crisis siempre revela nuestro carácter, la manera en que reaccionamos ante dificultades le va a decir a Dios como es nuestro carácter y que tanto podemos aguantar. Si no cabemos en el molde de Dios entonces vamos a pasar por un proceso de transformación que puede ser doloroso.

Dios va a seguir trabajando en nosotros hasta que actuemos mas como Jesús en cualquier situación que vallamos enfrentando; por lo tanto, creo que seguirá trabajando con nosotros mientras estemos en este cuerpo físico. Cuando Dios ve que Jesucristo ha sido formado en nosotros entonces nos suelta de la crisis.

Las crisis son oportunidades que Dios nos pone para forjar o fortalecer el carácter. Debemos de elegir responder a una situación a la manera de Dios, en vez de seguir nuestra inclinación. Desarrollaremos el carácter cuando entendemos que Dios usa las circunstancias difíciles por la que todos en algún momento vamos a enfrentar entonces fortalecemos nuestro carácter. Nuestro mayor anhelo debe ser el asemejarnos mas a Jesucristo y deberíamos de estar dispuestos a todo lo que sea necesario para lograrlo incluyendo las crisis y los tiempos difíciles hay que enfrentarlos con valentía creyendo que después de la guerra viene la victoria.

Nuestra respuesta hacia la adversidad va a determinar si obtenemos la victoria o no. Dios siempre nos quiere dar la victoria, no depende de El, depende de nosotros: que tanta fe tenemos, como es nuestra dependencia de Dios y como es nuestra comunión con El. Si hemos sido llamados y tenemos un corazón sincero, Dios va a hacer una obra maravillosa en nuestra vida. Dios nos llamo para ser moldeados a la imagen de Jesucristo y cuando esto pase se va a cumplir la palabra de:

Romanos 8:29 Porque a los que antes conoció, también los predestino para que fuesen hechos conforme a la imagen de su hijo, para que el sea el primogénito entre muchos hermanos.

Los grandes hombres de Dios que menciona la Biblia, todos pasaron por gran adversidad. El mayor de todos es Job, aunque Pablo no se queda atrás. Job era un varón perfecto y temeroso de Dios; sin embargo, sufrió tanto que hasta maldijo el día en que nació. Casi siempre nuestra primera reacción es quejarnos o hablar cosas negativas. ¡Somos seres humanos!

Lo primero que hacemos cuando nos llega alguna adversidad o situación difícil es, quejarnos, murmurar, llorar, y hasta podemos enojarnos con Dios. Después de un tiempo de quejarnos solemos buscar a Dios

Después de que Job realizo todo lo que le estaba aconteciendo dijo:

"Ciertamente yo buscare a Dios, y encomendaría a él mi causa" Job 5:8

Se dio cuenta que era necesaria buscar a Dios y dejarlo todos en sus manos y es lo que deberíamos de hacer cada uno de nosotros.

Al pasar por adversidad, mucha gente tiende a negarlo, entran en un estado de negación, tratando de ocultar que esta pasando por algo y ese algo se tiene que aceptar, se tiene que confrontar para luego ver que es lo que se tiene que hacer para resolver o tratar de salir de aquella situación difícil. Por ejemplo: la muerte de un ser querido o una enfermedad grave, nuestra mente no quiere aceptarlo y lo niega por un tiempo. Cuando empezamos a entender lo que esta pasando, lo que sigue es llorar y cuestionar a Dios:

¿Porque a mi?

¿Que Paso?

¿Que hice mal?

Podemos encontrarnos con tantas preguntas y no encontrar una respuesta inmediata. Pasamos un tiempo de duelo y de reclamarle a Dios, yo he pasado este tiempo. No entendía porque, por qué? Porque Tuve que pasar por este proceso tan largo y difícil. Me quejaba mucho con Dios y derramaba muchas lagrimas tratando de entender por lo que estaba pasando, a veces pensaba que era una pesadilla y que muy pronto iba a despertar. Después de mucho tiempo y de no encontrar una respuesta, empecé a buscar a Dios en una forma diferente y mas intima.

La adversidad llega porque llega, el ser hijos de Dios no nos hace inmunes a la adversidad, todo lo contrario, estamos mas expuestos, por decirlo así. Vivimos en un mundo caído, por lo tanto a todos nos va a tocar algo. No necesariamente significa que hemos hecho algo malo

Siempre vamos a tener tiempos difíciles mientras estemos en este cuerpo físico vamos a continuar luchando. Lo mas importante que debemos hacer en tiempos de lucha es no descuidar nuestra relación con Dios, eso es lo único que nos puede mantener de pie en medio de la lucha y cuando haya pasado todo, estaremos de pie. Así como dice su palabra.

Cuando entendemos esto, nos damos cuenta de que en realidad es un privilegio cuando Dios nos prueba, porque al hacer esto, Dios nos esta diciendo que a depositado una confianza en nosotros, Dios nos esta diciendo que el carácter de Cristo se esta desarrollando en nosotros y que vamos a salir mas que vencedores de cualquier situación.

No desmaye cuando se encuentre en aflicción, todo lo contrario debemos seguir luchando y creyendo hasta que llegue la respuesta. Yo tome una decisión: "Nunca darme por vencida" y cuando las cosas se ponían muy difíciles, me acordaba de esa decisión que ya había tomado y esto me impulsaba para seguir luchando.

Aplasta nuestro orgullo

La palabra de Dios dice que él ve de lejos al orgulloso. Tambien dice que el que se humilla Dios lo va a enaltecer y al que se enlatece Dios lo va a humillar. El orgullo o la soberbia puede segarnos y no vamos a ver los peligros que esta actitud puede traernos y esa ceguera nos puede llevar a cualquier tipo de pecado, incluso a alejarnos de Dios o a no poder disfrutar de su presencia y de la unción del Espíritu Santo. El ser auto independiente puede ser orgullo porque podemos llegar a pensar que podemos hacerla solos sin la ayuda de Dios y de los demás.

Dios ha tratado con mi orgullo a través de la adversidad. Mi vida depende de Dios, desde que le conocí, se que no puedo hacer nada por mi propia cuenta, pero era muy independiente y reservada con mis asuntos personales.

Al pasar esta crisis en mi vida, tuve que dejar mi orgullo a un lado y pedir ayuda de los demás. El ser reservada no creo que sea orgullo, pero si me costo bastante aprender a depender de los demás en cierta manera. Estuve en una situación tan difícil que me costaba salir de mi casa, había días en que no salía para nada porque me costaba manejar, aun caminar dentro de mi casa era difícil. Mi esposo no andaba mucho conmigo, no estábamos acostumbrados a pasar tanto tiempo juntos. El estaba acostumbrado a que yo hacia mis cosas y el las de el, el tener que esperar a que llegara a casa para que me pudiera llevar a alguna parte fue muy difícil. Creo que para él fue mas difícil, el pensar que ahora tenia que compartir mas de su tiempo le costo bastante porque se ocupa en otras cosas, sus asuntos personales siempre estuvieron primero. El es de los que siempre anda un poquito tarde y yo todo lo contrario, soy muy puntual. Fue difícil para los dos, pero yo aprendí a esperar y a hacer las cosas al tiempo de el. Me acostumbré a estar siempre en casa, un tanto aislada de la sociedad, de hecho, me aislé bastante de todo y de todos, pasaba días enteros casi sin hablar y pensaba si iba a poder a volver a hablar en publico. El estar en casa llego a ya no importarme mucho, lo único que quería es sentirme bien. Desarrolle mucho la paciencia y me decía a mi misma. "Bueno, si puedo salgo y si no pues me quedo en casa". Tuve que aprender a esperar y a decir "no" a muchas cosas y a hacer solo lo que podía hacer.

No te Confundas en el Silencio

"A ti clamaré oh Jehová. Roca mía no te desatiendas de mi, para que no sea yo, dejándome tu, semejante a los que descienden al sepulcro." Salmo 28:1

Es muy difícil cuando clamamos y clamamos y no hay una respuesta, cuando parece que nadie puede ayudarte, cuando no ves la salida. Este tiempo puede ser muy frustrante y desalentador. Ahora entiendo porque Job y Jeremías maldijeron el día en que nacieron. El silencio de Dios puede causar confusión y desesperación. Es terrible, pero podemos hasta llegar a dudar de la existencia de Dios.

Cuando no entendemos lo que esta pasando y buscamos y no encontramos ayuda, cuando puertas no se abren puede llegar angustia y desesperación.

Dios estuvo callado conmigo por mucho tiempo, para mi fue demasiado tiempo, pero el siempre sabe todas las cosas y esta en control de toda situación y eso lo he sabido siempre, simplemente que cuando algo nos duele y es por largo tiempo es muy difícil.

Al principio de este proceso, si tuve un tiempo de confusión y tuve miedo de perder mi fe. Diariamente le pedía a Dios que guardara mi fe. Me decía a mi misma: Si pierdo mi fe, pierdo todo, me sentía que mi oración no llegaba al Señor. Oraba, clamaba y le gritaba a Dios y parecía que no pasaba nada, fue tiempo de frustración y angustia.

Puede uno llegar a sentirse tan confundida que piensa que esta bien mal delante de Dios. Llegue a pensar que esto era la consecuencia de un pecado que podía estar oculto en mi vida.

Después de mucho tiempo de buscar a Dios en oración, El poco a poco me fue sacando de esa confusión en la que me encontraba, me fue enseñando que El estaba conmigo, que no estaba luchando sola y que iba a salir de esa situación.

Sin Respuestas

El libro de Job tiene 42 capítulos y vemos a Job sufrir, quejarse y lamentarse en 38 capítulos. Job llego a pensar que Dios se había apartado de el y deseaba volver a los días cuando estaba bien.

Es terrible sentirte de esta manera. ¡Sentir que Dios te ha abandonado! Es lo mas difícil que le puede pasar a un hijo de Dios. El mismo Jesucristo en un momento se sintió desamparado. Me identifico con Job en diferentes aspectos. Cuando uno toca una puerta es porque espera que alguien te abra, cuando clamamos a Dios es porque esperamos una respuesta de su parte. Dios siempre esta con nosotros lo que pasa que el dolor o las circunstancias difíciles no nos dejan verlo. He pasado diferentes pruebas durante mi vida y en todas el Señor ha estado conmigo y me ha dado la salida. Esta ultima prueba que pase ha sido la mas difícil y la mas larga. Me sentía como Job deseando volver al tiempo cuando estaba bien. Miraba fotos de tiempo atrás, cuando era activa y estaba sana y como deseaba volver el tiempo atrás. En algún momento llegue a sentirme desamparada por Dios porque no tenia una respuesta; le pedía a Dios que me guiara. ¿Que debo hacer Señor? ¿A donde voy? ¿Donde busco ayuda? Eran tantas preguntas que le hacia diariamente y no tenia una respuesta. Visite varios médicos y tampoco ellos pudieron darme una respuesta. Yo esperaba un diagnostico, que me dijeran algo para poder tratarlo. Cuando uno va a doctor, esperas que te ayude, esperas un diagnostico. Algunos doctores simplemente me dijeron: "No se"

Hice tantas terapias, tomé diferentes medicamentos, muchos suplementos naturales y mi cuerpo no reaccionaba, no tuve una respuesta por mucho tiempo.

Busca el propósito

Dios puede tardarse para responder, pero eso no quiere decir que no este obrando. Dios calla con un propósito y en lugar de estarnos quejando y murmurando deberíamos buscar ese propósito. El problema es que nos enfocamos en el sufrimiento o en el problema que no tenemos un oído para oír la voz de Dios; mas cuando hay dolor físico, a nadie le gusta sufrir dolor. Nuestra oración es: Quítame este dolor Señor, pasa de mi esto, todo lo que podemos oír son nuestras propias palabras en lugar de decirle: ¿Que me quieres enseñar? Aquí estoy Señor, espero en ti.

La adversidad siempre tiene propósitos espirituales. Sabemos que el cuerpo se enferma y aunque sea una enfermedad física siempre vamos a darnos cuenta de que también tiene propósitos espirituales porque después de llorar y de quejarnos poniendo toda nuestra lista de problemas ante Dios; buscamos su presencia, empezamos a usar esas armas que el nos ha dado y que quizá estaban guardadas. Cuando todo esta bien, oramos, pero cuando estamos en adversidad clamamos con mas intensidad. Desempolvamos la espada y empezamos a usarla. Quizá uno de los propósitos de la adversidad es que aprendamos o empecemos a usar esas armas que Dios nos ha dado. Si Dios nos quiere enseñar algo, o quitar algo que a el no le agrade entonces el no va a quitar ese dolor o a mover ese problema tan fácilmente, el va a tomarse el tiempo necesario hasta que le demos la oportunidad de obrar en nuestra vida. Hasta que podamos entender que es lo que Dios quiere hacer, tenemos que darle la oportunidad a Dios de que ese propósito se cumpla. Para Dios es mas importante nuestra vida espiritual que nuestro cuerpo físico. Es mas importante salvar nuestra alma que sanar el cuerpo físico, aunque quiere hacer las dos cosas. Con un propósito Jesús se tardo dos días mas cuando supo que Lázaro estaba enfermo. La muerte de Lázaro fue para la gloria de Dios. Las pruebas de Job fueron para la gloria de Dios. Así mismo nosotros debemos de ver la adversidad con propósitos espirituales, algo bueno va a resultar de cualquier prueba. Vamos a poder ver su gloria cuando todo halla pasado. Si queremos ser un vaso de honra y caber en el molde de Dios entonces seremos probados. Dios nos pasara por varias situaciones difíciles para ver si realmente estamos dispuestos a darlo todo por el.

La adversidad también puede ser con propósitos físicos, por ejemplo, una enfermedad, cuando nuestro cuerpo físico se ve afectado, quizá Dios nos quiere enseñar que el cuerpo se puede enfermar porque somos negligentes al no darle el cuidado necesario. Una enfermedad física nos puede ayudar para darnos cuenta de lo importante que es cuidar nuestro cuerpo físico. Debemos aprender a tratar nuestro cuerpo con mucho respeto. Si tomamos responsabilidad por nuestra salud y empezamos a hacer lo necesario para recuperar la salud, cuando ese problema allá pasado podemos tener mejor salud que antes de esa enfermedad, especialmente si es una enfermedad crónica al sufrir tanto uno tiene que hacerlo, si quiere salir de eso, tiene que hacer todo lo necesario para recuperar la salud. Algo bueno va a salir de eso, vamos a poder disfrutar de una vida mas plena, que en realidad ese es el propósito de Dios. Una vida en abundancia y si se puede lograr, pero nos va a costar mucho y a veces no estamos dispuestos a pagar el precio.

Romanos 8:28 Y sabemos que a los que aman a Dios, todas las cosas les ayudan a bien, esto es, a los que conforme a su propósito son llamados.

Cuando empecé a buscar el propósito entonces Dios empezó a darme señales y paso todavía mucho tiempo antes de tener una respuesta, pero empecé a sentir el respaldo de Dios. Cuando mas mal me sentía, clamaba a él y podía sentir su presencia y una voz dentro de mí me decía que iba a salir de eso e iba a estar bien. Ahora entiendo un poco mas esta escritura de Romanos, antes pensaba: ¿En que me puede ayudar a bien este dolor que estoy sintiendo? ¿De que me sirve esta aflicción? Estaba tan limitada físicamente que no entendía el propósito solo me frustraba porque no podía realizar mis actividades diarias como antes, pero poco a poco Dios me fue revelando su propósito. Ahora entiendo que fue con propósitos espirituales y también físicos. Espiritualmente Dios ha hecho cosas hermosas en mi vida y en la vida de mi familia que las compartiré en otro capitulo. Físicamente también hice varios cambios, aunque ya sabia sobre nutrición y como cuidar el cuerpo, ahora tengo mas conciencia y conocimiento de la salud y trato de llevar un estilo de vida mas saludable en todas las áreas. Como tenia mucho tiempo disponible, aprendí mucho acera de estos problemas de salud, acerca de enfermedades crónicas misteriosas y creo que Dios va a usar mi vida para ayudar a otros. Mi deseo es poder ayudar a los que están sufriendo. Quiero decirles que hay esperanza y que tenemos que seguir confiando y luchando aun cuando no entendamos claramente el propósito de Dios en cada situación por la que nos valla pasando. Cuando no entendemos, solo nos queda seguir creyendo.

Espera en Dios

Lamentaciones 3:26 Bueno es esperar en silencio la salvación de Jehová

En el mundo actual y con todo el avance de la tecnología todo es mas rápido; tenemos comida rápida, internet rápida, ya nadie quiere esperar. Nos cuesta mucho esperar, mas cuando estamos en aflicción. Una de las cosas que Dios quiere enseñar es aprender a esperar, porque al esperar pacientemente le estamos diciendo a Dios que confiamos en el, que el es nuestro proveedor. La escritura dice: Bueno es esperar en silencio, creo que ese es uno de nuestro mayor problema que no sabemos durar mucho en silencio. Al decir voy a orar pensamos que es nomas hablar y hablar y llevar una lista de peticiones ante Dios. Y esto esta bien pero también debemos dar tiempo a que Dios hable, necesitamos guardar silencio ante Jehová.

Necesitamos poner a un lado nuestros argumentos para permitir que el hable. La palabra de Dios también dice:

> **Santiago 1:19 Por esto, mis amados hermanos, todo hombre sea pronto para oír, tardo para hablar, tardo para airarse.**

Necesitamos desarrollar la habilidad de escuchar y callar mas para poder escuchar la voz de Dios. Al esperar sin murmurar estamos diciendo que creemos en sus promesas. Si su palabra dice que me va a sanar, tengo que creerlo. En realidad, su palabra dice que el ya lo hizo cuando murió en la cruz, el llevo nuestro pecado y nuestras enfermedades a esa cruz, solo tenemos que esperar hasta que sea manifestado. La palabra de Dios esta llena de promesas, una de ellas: dice que mis hijos serán salvos, tengo que creer esa promesa y vivir confiadamente. Debemos seguir esperando hasta que suceda, si no desmayamos vamos a ver esas promesas cumplidas en nuestra vida y en la vida de nuestra familia. Así como fue fiel con Job será fiel con nosotros. ¡El lo hará! No es sabio contender con Dios como lo hizo Job en un momento. Dios es el todopoderoso y tiene autoridad sobre todas las cosas incluyendo nuestra vida.

> **Job 40:2 Es sabiduría contender con el omnipotente?**

Una pregunta que Job se hace, claro que no es sabio, mas bien deberíamos callar para dejar que el hable. Dios es el que debe de hacer las preguntas. Job hacia muchas preguntas, pero llego un momento en que Dios le dijo: Ven acá Job, ahora yo soy el que pregunta y tu me vas a contestar:

> **Job 38:4 Donde estabas tu cuando yo fundaba la tierra? házmelo saber, si tienes inteligencia.**

Dios le hizo una serie de preguntas para demostrarle que el es el todopoderoso y que el es el que debe de preguntar. Todo el que busca a Dios de corazón va a pasar por un proceso de purificación, mas bien deberíamos de reconocer como Job que somos viles y necesitamos corrección en nuestra vida. Job no supo que responder, mejor se quedo callado.

Job 40:4 He aquí que yo soy vil; ¿qué te responderé? Mi mano pongo sobre mi boca.

Mi mano pongo sobre mi boca...me gusta esta frase. Callar es muy importante. Dios nos deja hablar y hablar y cuando no vemos una respuesta al hablar y pedir, deberíamos de decir como Job. Mi mano pongo sobre mi boca. Dios sabe todas las cosas, no necesitamos hablar tanto, si vemos que el no nos responde, mas bien deberíamos de callar, guardar silencio delante de el y esperar a que nos hable en el silencio. Dios me ha enseñado a esperar en el, he aprendido a no murmurar y a no quejarme tanto. Por medio de las circunstancias difíciles y de la fidelidad de Dios he desarrollado la paciencia y mi dependencia en Dios se ha hecho mas real. Dios me ha enseñado que el es el creador de todas las cosas y que si yo lo honro y lo pongo primero en mi vida en cumplirá su palabra en mi. Después de esperar por mucho tiempo Dios hablo a mi vida por medio de una hermana, ella me dijo que Dios me estaba purificando porque el quiere sacar lo mejor de mi y que voy a ver grandes cosas en mi vida y en mi familia y con esa promesa seguiré caminando y esperando en él. Todo el que espera en el Señor no quedara avergonzado, pero esperare sin murmurar y en fe. Esperé y esperé en silencio por mucho tiempo. Esperé sin quejarme, casi no contaba lo que me estaba sucediendo, la gente en la iglesia no sabia la pesadilla que estaba viviendo aún ni mi familia sabían bien lo que me estaba pasando. Esperé hasta que Dios me mando la respuesta que necesitaba para empezar a tratar mi cuerpo e irme recuperando poco a poco.

Dios también uso la vida de mi hija Nallely para darme una palabra de esperanza, ella me escribió una carta muy hermosa que quiero compartir en otro capitulo ya que esto significo mucho para mi.

El pueblo de Dios que salió de Egipto no pudo entrar a la tierra prometida porque no supieron callar, siempre estaban murmurando y quejándose por todo, a pesar de las grandes señales que Dios les mostro; en cuanto les faltaba algo empezaban a murmurar. Perdieron la oportunidad de ver cumplida la promesa de Dios por no saber callar. A veces ya estamos a punto de alcanzarlo y no es que Dios no quiera dárnoslo sino nosotros no sabemos callar y podemos perder de ver esa promesa realizarse solo por no saber callar.

CAPITULO

3

Mientras Espero....

Que debo hacer mientras espero?

Sabemos que Dios siempre esta haciendo algo, aunque al momento no lo podamos ver, Dios obra especialmente en medio de la adversidad. Creo que lo primero que debemos de hacer es:

Buscar la gloria de Dios, lo primero es buscar la presencia de Dios y aferrarnos fuertemente a lo que Dios nos ofrece en su palabra; todas esas promesas son para los hijos de Dios y aun en la peor condición en la que podamos estar, si le buscamos y confiamos en el, vamos a poder permanecer luchando y creyendo hasta que obtengamos la victoria.

"Es fácil decirlo" debe estar usted pensando, y realmente es fácil decirlo. Créame que por experiencia propia se lo difícil que es buscar la gloria de Dios y esperar tranquilamente en él cuando estamos sufriendo. Sabemos que deberíamos estar plenamente confiando en el, pero hay circunstancias tan difíciles que realmente cuesta mucho buscar la gloria de Dios. En todo este proceso he estado confiando en él, solo que como seres humanos hay momentos en que decaemos un poco, especialmente si la respuesta tarda tanto en llegar, cuando la adversidad se tarda por tanto tiempo se hace realmente difícil y es cuando necesitamos buscar al Señor aun mas.

Muchas personas me decían: "Estoy orando por ti" "confía en Dios" "Esto va a pasar". Yo agradecía estas palabras y las creía y esas oraciones y esas palabras de apoyo me sostuvieron por mucho tiempo. De cualquier modo hay momentos en que las cosas se ponen muy difíciles, cuando se presentan contradicciones, cuando no estas segura si estas haciendo lo correcto para salir de esa situación o cuando no ves que la respuesta a tus oraciones es clara, esos momentos duelen mucho. No es que dejemos de confiar en Dios, simplemente como seres humanos no vamos a poder tener control de todas las circunstancias que se nos van presentando, pero en esos tiempos tan difíciles es cuando mas necesitamos estar mas de rodillas y recordar que cuando ya no podemos, Dios si puede, cuando no sabemos que hacer, El si sabe.

Creo que todos pasamos tiempos en los que sentimos que ya no podemos, yo los he pasado, pero solo por momentos cortos donde me decaigo un poco, pero luego viene el poder de Dios y me vuelve a levantar. Cuando me he sentido así, busco su presencia o pido a alguien que ore por mi. He aprendido que aún en la peor condición que nos podamos encontrar, si le buscamos y confiamos en el, vamos a poder permanecer de pie luchando y creyendo hasta que obtengamos la victoria.

Pasar por una enfermedad crónica es bastante difícil, hay momentos que uno se cae emocionalmente y esto no quiere decir que dejemos de creer. La larga espera y los tratamientos pueden afectarnos bastante emocionalmente, la mayoría de las personas con Lyme sufren de ansiedad y depresión y encima de esto el tratamiento que puede causar aun mas ansiedad y depresión, especialmente antibióticos para Lyme o Bartonella que pueden ser muy agresivos y debilitantes. El solo hecho de sentirte peor con los antibióticos o aun con tratamiento natural, esto produce ansiedad, porque uno piensa que esta empeorando en lugar de ir mejorando. Durante el tratamiento hubo tiempos muy difíciles, de mucho dolor y yo tenia que repetirme constantemente a mi misma y decirme:

"Esto es pasajero" "No te dejes llevar por lo que estas sintiendo en este momento" "voy a salir de esto". Fue una lucha constante por mucho tiempo.

Tenemos que aprender a luchar para no dejarnos llevar por

las emociones, las emociones pueden traicionarnos, por lo tanto debemos confiar en lo que hemos creído, mas bien dicho en lo que la palabra me dice. "Yo soy lo que la palabra dice que soy" y la palabra dice que soy mas que vencedora en Cristo. Aunque la situación al momento no sea muy alentadora, tenemos que seguir creyendo.

Mientras esperamos debemos de tratar de seguir caminando, es decir seguir trabajando en el ministerio y en algún trabajo que podamos hacer de acuerdo con nuestra capacidad. Es importante enfocarse en algo mas, en lugar de estar constantemente enfocada en el problema. Yo pase mucho tiempo con la mente solo enfocada en el problema y eso es muy estresante. Constantemente estaba pensando en mi situación y que hacer para salir del problema. Se me olvidaban muchas cosas porque mi mente siempre estaba pensando lo mismo, a veces ni podía dormir, esto causo mucho estrés en mi cuerpo, lo cual empeoro las cosas.

Por muy difícil que sea nuestra situación, debemos de tratar de ver la necesidad de alguien mas, siempre van a existir personas en peor situación que la nuestra. Tratar de hacer algo bueno por alguien que es mas desafortunado nos va a ayudar bastante a sentirnos mejor y a no estar pensando constantemente en nuestra situación.

Tratar de seguir trabajando en el ministerio en lo que se pueda es muy bueno. A menos que la situación sea muy grave, pero en mi opinión, creo que siempre se puede hacer algo. Podemos usar el teléfono, el mensaje, o el correo electrónico. Hoy en día hay muchas maneras de trabajar, por lo tanto debemos de tratar de mantener la mente ocupada y mantenernos activos en la medida posible.

En mi caso como líder de célula, me mantuve trabajando hasta donde pude. Mi condición física poco a poco se fue deteriorando y me vi obligada a ir dejando diferentes actividades que hacia con los grupos familiares, pero nunca los deje por completo. Cuando llegue al punto de que no podía manejar, le hablaba a alguna de las hermanas para que pasara por mi para ir a visitar el hospital o a alguien mas. Agradezco mucho a las hermanas que se daban el tiempo para pasar por mi. Otras veces invitaba personas a mi casa para tener un estudio de la palabra y eso me daba vida espiritual.

Los lideres que tenia en mi grupo acudían a mi casa cuando necesitábamos tratar algo, también nos juntaba con ellos una vez al mes para orar y tener estudios acerca del liderazgo, eso me daba vida espiritual.

Aparte de las reuniones mensuales, hablaba siempre con ellas por teléfono o por mensaje para saber como iban caminando y esa era mi manera de ayudarlas. Mientras estuve en la clínica en florida no me olvide de ellas, siempre estuve en contacto, ya sea llamándoles o por mensaje de grupo. Mientras estaba ahí en la clínica recibiendo el tratamiento, trataba de hablar con alguna de ellas. Es muy recompensante el sentir que todavía puedes hacer algo.

Sentirse inútil es lo peor que nos puede pasar, para mi fue muy difícil ir viendo que poco a poco mi cuerpo me iba limitando cada vez mas. Después de ser tan activa, llegar al punto de casi no poder caminar, a veces me costaba mucho levantarme de la cama para ir a la cocina a comer algo. Llegue a pedirle a Dios que mejor me llevara, no quería ser una inútil.

Renueva tu mente

No os conforméis a este siglo, sino transformaos por medio de la renovación de vuestro entendimiento, para que comprobéis cual sea la buena voluntad de Dios, agradable y perfecta. - Romanos 12:2

El enemigo siempre va a tratar de engañarnos con pensamientos negativos. La mente es el campo de batalla del diablo. Todos los días nos va a bombardear con pensamientos negativos, pero depende de nosotros si los vamos a recibir o a rechazar. Tu mente te habla todos los días, pero cada uno de nosotros tenemos la capacidad para hacerla callar. Dios nos ha dado poder y autoridad para cancelar toda obra del diablo. Todo empieza con un pensamiento, si aceptamos ese pensamiento, luego se convertirá en palabras y de tanto que lo hablamos puede llegar al corazón y si nomas escuchamos la mente y no a Dios; esos pensamientos se pueden convertir en acciones.

Cuando llega un pensamiento negativo es nuestra responsabilidad rechazarlos, cancelándolos y remplazarlos con pensamientos de poder. Mi pastor siempre dice que no debemos dejar que los pájaros hagan nido en nuestra cabeza. La biblia dice que lo que confesamos con nuestra boca eso se hará, si estamos creyendo las mentiras que el diablo pone en nuestra mente y luego declarándolas pues entonces va a ser muy posible que así suceda. Todos tenemos luchas en nuestra mente y esto va a ser siempre hasta que el diablo sea derrotado completamente.

Yo tuve tiempos de dudas, el enemigo ponía en mi mente que no iba a sanar, que mi vida ya nunca seria igual que antes. Llegue a considerar eso y a pensar que quizá ya había cumplido mi propósito en esta tierra y le pedí a Dios que si así era pues que me llevara con él. Dios puso en mi corazón que todavía no era el tiempo; en mi mente me veo llena de años y con una vida en abundancia. ¡Llena de bendiciones!

La lucha con nuestra mente puede ser muy difícil y mucho mas si no nos fortalecemos en el Señor diariamente. Tenemos la palabra de Dios que es nuestra arma mas poderosa en contra de los ataques del diablo. Debemos tener pensamientos de poder todos los días. Uno de mis versículos favoritos es

Filipenses 4:13 "Todo lo puedo en Cristo que me fortalece."

Cada día me repito a mi misma:

Puedo hacer esto! porque Cristo es mi fortaleza. Cristo nos capacita para hacer las cosas que para nosotros son casi imposibles y nos da la fortaleza cuando estamos sufriendo. El poder de Dios esta a nuestra disposición, pero necesitamos tomarlo y saber usarlo en contra de las asechanzas del enemigo. Declarar en voz alta es muy importante, yo hago esto, leo la palabra en voz alta y le estoy pidiendo a Dios que me enseñe a usar el poder que esta a mi disposición, como su hija que soy él me ha dado todo lo necesario para vencer. En este momento tan difícil no puedo olvidar quien soy.

"Soy lo que dice la palabra que soy"

Y la palabra dice: "que estoy rodeada del favor de Dios". En medio de la aflicción tenemos que aprender a vivir como hijos de Dios y no como victimas, descubrir quien soy en Dios es fundamental para poder vencer cualquier obstáculo que se va presentando en el camino, cada obstáculo es nomas una piedra en el camino que hay que aprender a mover. El favor de dios nos ayuda a mover esos obstáculos. Conocemos la palabra, pero hacer que la mente la crea y la ponga por obra, eso es otra cosa. Creo que ahí es donde todos necesitamos trabajar.

Dios Habla en el Silencio

"Aunque la higuera no florezca, Ni en las vides haya frutos, Aunque falte el producto del olivo, y los labrados no den mantenimiento, y las ovejas sean quitadas de la majada, y no haya vacas en los corrales; Con todo yo me alegrare en Jehová, y me gozare en el Dios de mi salvación." - Habacuc 3:17-18

Aunque hoy no veas nada, aunque estas en un laberinto donde no puedes ver la salida. Cuando la respuesta instantánea no ocurre, cuando nada sucede es que Dios esta trabajando en silencio. Dios tiene su tiempo para cada cosa, no debemos dejarnos llevar por la vista porque nos podemos decepcionar. Dios habla en el silencio cuando en medio del problema seguimos caminando, seguimos creyendo. ¿Quien es el que da la motivación para seguir adelante? las fuerzas para seguir caminando? ¿Quien da la gracia y el favor para seguir en el ministerio cuando sentimos que ya no tenemos fortaleza física y espiritual?

Aunque no escuchemos su voz y su respuesta inmediata, tenemos que reconocer que solamente de el provienen todas las cosas y que Dios habla de diferentes maneras.

La paz que sentimos cuando estamos sufriendo es otra respuesta de Dios. A veces ni uno mismo puede entender esa inmensa paz que Dios trae en medio de la tormenta. Muchas veces me he preguntado a mi misma: Como es posible que sienta tanta paz y pueda dormir tranquilamente cuando no se donde están mis hijos, cuando no se con quien están y que están haciendo. Tengo una hija que le gusta viajar mucho y cada vez que se va, lo único que hago es orar por ella y confiar en Dios de que el guardara su vida. No me siento angustiada, simplemente confío en Dios.

Nosotros creemos que Dios habla solo cuando nos da la respuesta inmediata a lo que estamos pidiendo. Quizá no tengamos una respuesta al instante hacia nuestra necesidad, pero el nos da la guianza de lo que debemos hacer. Por ejemplo, en medio de una enfermedad, Dios nos da la guianza, nos dirige con el medico que va a ser capaz de ayudarnos, nos da la sabiduría para tratar a nuestro cuerpo y ayudarlo a recuperarse.

Cuando Moisés salió de Egipto con el pueblo de Dios. El no sabia como iba a ser esa travesía simplemente obedeció, siguió la orden de Dios y a través del camino, Dios le fue mostrando todo lo que debía de hacer. Moisés no sabia que la nube y la columna de fuego les iba a decir cuando se movieran y en que dirección se movieran. Cuando nosotros no sabemos el camino, cuando las instrucciones no parecen muy claras, nomas necesitamos seguir creyendo y confiando que Dios nos esta llevando por el camino correcto.

No te rindas

"No te rindas" es fácil decirlo, varias hermanas que oraban por mi me decían sigue caminando, sigue luchando, eres fuerte. Uno no entiende estas palabras hasta que esta en la situación difícil. Yo tuve que repetirme estas palabras a mi misma muchas veces. "No te rindas, nunca te rindas" En mi caso visité varios doctores, al principio parecía que nadie podía ayudarme, nadie sabia lo que estaba pasando, en realidad así estuve por mucho tiempo; para ser exacta, estuve así por mas de tres años. Estuve a punto de darme por vencida y no buscar mas ayuda, pero una voz dentro de mi me decía:

no te rindas, lucha un poco mas, sigue buscando y pronto llegara la respuesta. Ahora se que esa era la voz de dios, hablándome en el silencio.

Visite otro doctor, un ortopedista, el trato de ayudarme, pero tampoco sabia. Tratando de encontrar un diagnostico me mando hacer unos estudios de los nervios con un neurólogo. Para llegar a ver a ese neurólogo batalle bastante. Primero porque estaba muy ocupada por las siguientes dos semanas, después porque iba a estar fuera de la ciudad por un tiempo. Tuve que esperar mas de un mes para hacerme esos estudios. Otra vez estuve a punto de desanimarme y no ir. Cuando por fin pude ver al neurólogo, el me hizo algunas preguntas para tratar de determinar el porque me habían ordenado ese examen. El pensó que este examen no era necesario y me dijo: Que le parece si en lugar del estudio hacemos una consulta. Yo no estaba muy segura de no hacerlo, quería hacer todo lo necesario para tratar de saber que me estaba pasando, así que hicimos el estudio. Se me quedaron sus palabras en su mente y después de un mes decidí hacer una cita para una consulta con el y ya no regresé con el ortopedista.

Antes de ir a la cita con el neurólogo, ore y ayune pidiéndole a Dios que le diera sabiduría a este doctor para que pudiera ayudarme. El estudio de los nervios salió todo normal, todos los estudios que me había hecho antes salían normales. Al ver esto el doctor me ordeno unos análisis de sangre. Yo no me apure mucho por conocer los resultados ya que todo lo que me habían hecho antes salía normal, aunque dentro de mi algo me decía que algo iba a salir en estos últimos estudios. Esperé un mes para ir por los resultados, al regresar al doctor me di cuenta de que esa voz interna estaba correcta, salió algo anormal en estos estudios. ¡Por fin tenia un diagnostico!

Estaba contenta y muy agradecida con Dios por haber guiado a este doctor. Al principio no sabia mucho de este problema así que pensé que ya sabiendo que tenia iba a ser fácil poder tratarlo. ¡Estaba bien equivocada!

Arrepiéntete

Sabemos que el pecado nos separa de Dios. Si estamos consientes como David que hemos pecado, lo ideal es arrepentirnos. Cuando David reconoció su pecado y se humillo delante de Dios entonces Dios lo perdono y la relación entre David y Dios se restauro. ¡Dios volvió a hablar a su vida!

Mi pecado te declaré, y no encubrí mi iniquidad. Dije: Confesare mis transgresiones a Jehová; y tu perdonaste la maldad de mi pecado. - Salmo 32:5

Dios perdona cuando nos arrepentimos de todo corazón, cuando corregimos nuestro camino y nos volvemos a él. Dios es un Dios de oportunidades, en cuanto nos arrepentimos y buscamos su presencia, su mano de poder nos vuelve a levantar y al adorar a Dios volvemos a oír su voz.

Si no estamos seguros de que halla pecado oculto en nuestra vida para eso tenemos el Espíritu Santo, dice la Biblia que cuando nosotros no sabemos como orar, el Espíritu intercede por nosotros. Debemos pedirle que escudriñe el corazón y nos muestre en lo que estamos fallando. Si somos honestos y de verdad queremos restaurar nuestra relación con Dios, el Espíritu Santo lo va a hacer por nosotros.

Si no estamos escuchando la voz de Dios por ser negligentes y flojos espiritualmente entonces somos culpables de que Dios no nos hable, hemos contristado el Espíritu Santo. Dios no puede hablar a alguien que no esta interesado en él. También necesitamos arrepentirnos y pedir perdón por habernos apartado de su presencia. Dios nunca se apartaría de nosotros, somos nosotros los que nos alejamos al descuidar nuestra relación intima con él.

Para un verdadero hijo de Dios, la comunión con él debe de ser primordial. El debe ser nuestra prioridad y si la hemos descuidado solo tenemos que arrepentirnos y esa comunión será restaurada y podremos disfrutar de su presencia y seremos capaces de oír su voz otra vez.

Dios Pelea por ti

En Éxodo 14:14 dice, "Jehová peleara por vosotros, y vosotros estaréis tranquilos."

Dios siempre pelea por nosotros, vemos que Moisés dijo estas palabras al pueblo cuando faraón y su ejercito venían tras ellos. Moisés trataba de calmar al pueblo, pero era muy difícil que lo escucharan en la situación en la que se encontraban, ellos solo veían el mar rojo enfrente de ellos y a faraón y a todo su ejercito de tras de ellos. Si somos honestos y nos hubiera tocado estas ahí, sin duda hubiéramos reaccionado de la misma manera. Cuando nos toca enfrentar un problema de esa inmensidad, por lo general nos enfocamos en el problema y tratamos de convencernos a nosotros mismos de que Dios esta en control, Dios me va a sacar de esto, ¿pero realmente lo creemos de todo corazón? Somos humanos y tenemos una mente que puede ser muy activa y nuestra mente puede llegar a ver al problema mas grande que Dios, especialmente si la prueba dura mucho tiempo.

Dios nos ha dado armas poderosas, pero necesitamos saber usarlas.

Dios le dice a Moisés en el versículo 15

Por que clamas a mi?

Di a los hijos de Israel que marchen. Dios ya les había dicho que no temieran, que ese día verían la salvación.

¡ya lo había hecho!

¿Entonces porque estaban atemorizados?

Lo mismo nos pasa a nosotros, podemos tener temor o dudas, pero necesitamos entender que Dios ya lo hizo, solo tenemos que marchar. No es pecado en algún momento sentir temor o dudas, todos los sentimos especialmente cuando tocan nuestro cuerpo, lo malo es cuando dejamos que ese temor nos paralice y ya no podamos seguir creyendo, seguir caminando. No debemos de olvidar que Dios siempre pelea por nosotros, cuando nosotros no podemos, el si puede. Cuando se nos agotan las fuerzas entonces contamos con la fortaleza que proviene de el.

"Estad Quietos, y conoced que yo soy Dios". - Salmo 46:10

Cuando he estado en situaciones difíciles, el Señor ha hablado a mi vida varias veces con este salmo. "Estar quietos" viene de una palabra hebrea que significa "dejar ir" o mejor dicho "refrenarse uno mismo o dejar ir"

Cuando nos quedamos tranquilos y confiados en el Señor, entonces El intercede. Cuando hacemos a un lado nuestra sabiduría y cuando nos hacemos inútiles es cuando Dios va a obrar. En la actualidad existen tantos recursos, la ciencia ha aumentado tanto y esto es bueno ya que puede ser para nuestro beneficio siempre y cuando busquemos la guianza de Dios primero.

Cuando estamos mal de salud especialmente si es una enfermedad crónica o difícil de tratar podemos encontrarnos confundidos, de doctor en doctor, en diferentes tratamientos o terapias y no esta mal ir al doctor. Dios le da la sabiduría al medico, pero cuando andamos de un lugar a otro y no tenemos una respuesta, deberíamos detenernos un poco, buscar a Dios y esperar en el hasta que nos de la guianza. Si confiamos plenamente en él, él nos va a guiar con la persona correcta y cuando esperamos en el y Dios nos lleve con el doctor o con la persona que va a ser capaz de ayudarnos, entonces conoceremos que él es Dios y que él pelea por nosotros, pero necesitamos darle la oportunidad de que lo haga. Necesitamos hacer al "Yo" a un lado y darle el timón de nuestra vida a Dios.

Necesitamos llegar a un punto donde estemos dispuestos a someternos a Dios y reconocer que el tiene control soberano.

Necesitamos depositar toda nuestra confianza en el y no tratar de ayudarle, la confianza no avergüenza. Esto puede ser muy difícil ya que al estar enfermos o al tener un problema en el hogar, nuestra tendencia va a ser de tratar de buscar la solución, buscar ayuda. Necesitamos una fe muy grande para quedarnos quietos hasta que el Señor hable.

A mi me costo llegar a este punto, siempre busque la guianza de Dios, pero el estar enferma, hice varias cosas: visite varios doctores, hice diferentes terapias, tome muchos suplementos y no es que eso que eso este mal, pero al no ver una respuesta positiva en mi cuerpo fue cuando dije:

"Creo que debo de orar y depender de Dios de una manera diferente"

Cuando mas mal me sentía, clamaba a Dios y el hablaba a mi mente con el salmo antes mencionado, luego sentía su paz y su fortaleza y podía descansar en él.

¡Dios siempre pelea y peleara por nosotros!

Enfrenta tus temores

Cuando el pueblo de Dios vio que el ejercito de Faraón estaba por alcanzarlos, yo creo que tuvieron miedo, deben haberse sentidos muy atemorizados quizá hasta pensaron que iban a morir ahí mismo, creo que hasta Moisés tuvo temor. El temor es una reacción natural, somos humanos y Dios puso emociones en nosotros, pero así también nos da el dominio propio y el poder para poder enfrentarlos. Moisés no se quedo paralizado, lo enfrento en esa y muchas situaciones mas. Otro ejemplo fue cuando pelearon con Amalec. Moisés no se atemorizo a pesar de que no sabían pelear, Moisés le dijo al pueblo que pelearan, que no tuvieran temor. Moisés se subió al monte levanto sus manos a Dios y confío en él y desde arriba del monte pudo ver como Dios estaba con ellos y les dio la victoria.

Yo he enfrentado temores muchas veces y los voy a seguir enfrentando mientras este en este cuerpo físico.

¡Cuando me puse a investigar un poco acerca del diagnostico que me dio el doctor, me asusté!

Tuve muchas dudas porque es un problema muy serio y difícil de tratar.

Primero es muy difícil de diagnosticar, es conocido como el gran impostor porque imita otros problemas de salud. Por eso algunos médicos me dieron un diagnostico equivocado, no fue culpa de ellos es que esto es realmente difícil de diagnosticar.

Cuando supe lo que era dije:

¿Bueno y ahora como voy a salir de esto?

Dios no hace las cosas a medias, si el guio al doctor para que me ayudara a encontrar lo que me estaba pasando también me ayudaría a encontrar el tratamiento correcto. Este doctor no era especialista en esta área ni tampoco tenia mucho conocimiento al respecto, cuando regrese a la siguiente cita, llevaba muchas preguntas que el no supo responder. Tuve que empezar a investigar por mi cuenta. Compré dos libros y me puse a educarme acerca del tema. En la mayoría de los casos el tratamiento convencional para esta enfermedad a fallado. El doctor me dio medicamento para tratarlo, los doctores siempre dan medicamento, pero no siempre funcionan. No funciono en mi, solo me sentí mejor por unos dos meses y luego volví a sentirme igual, en realidad me sentí peor porque aparecieron otros síntomas que no tenia antes. El antibiótico funciona cuando la infección esta en su etapa aguda, cuando se hace crónica ya no funciona en realidad causa mas mal que bien. Ahora sabia lo que tenia, pero no sabia como tratarlo y casi no hay doctores que se especialicen en esto. La mayoría de los doctores convencionales no tienen mayor conocimiento de esta enfermedad. No pude encontrar un doctor en esta especialidad en mi área. Como es un problema de salud muy complejo, los doctores no tienen tiempo para tratar con esto. Son tantos los síntomas que esto ocasiona que uno se confunde y como los análisis no son muy confiables, esto lo hace aun mas difícil. Al principio yo no lo creía que pudiera tener esto, pensaba que podría ser algo mas. Enfrente diferentes temores, pero con la ayuda de Dios pude enfrentar y vencer esos temores. Siempre he tratado de no darme por vencida.

Al enfrentar temores, Dios siempre ha estado conmigo, cuando la duda llega, leo la palabra. La palabra nos da confianza y fortaleza. Tenemos que enfrentar el temor con la palabra, esta dice que Dios echa fuera todo temor. Cuando Jesús fue tentado por el diablo, Jesús se defendió con la palabra. Tenemos la Palabra de Dios, es nuestra mejor arma. También escucho predicaciones que fortalecen mi vida espiritual y sobre todo busco a Dios en oración, esa ha sido mi mejor manera de enfrentar mis temores.

5

Estrecha Tu Fe

La fe es un don que necesitamos ejercitar todos los días. Cuando todo esta bien, podemos llegar a estancarnos en nuestro desarrollo espiritual, podemos caer en una rutina de hacer lo mismo todos los días y no buscar crecer. Dios nos ha dado una gran capacidad y usamos una mínima parte de esa capacidad que tenemos. Dios quiere hacer algo significativo en nuestra vida y cuando él ve que estamos estancados va a tratar de desincomodarnos y los tiempos difíciles nos ayudan a vivir en un nivel de fe mas elevado.

Si todo esta bien en la familia, en la economía y en nuestra salud, no necesitamos una gran dosis de fe. A veces Dios tiene que darnos una sacudida, la fe tiene que ser probada. Los tiempos de aflicción nos sirven a nosotros y le sirven a Dios en diferentes maneras. Al seguir caminando en medio del dolor nos damos cuenta de que tenemos fe y que estamos confiando en Dios y que esa fe se esta estrechando y le sirven a Dios para saber que tanto nos puede confiar. Dios nos conoce mejor que nosotros mismos. El sabe exactamente la cantidad de fe que tenemos y de acuerdo con esa medida de fe va a ser la prueba; ya que su palabra dice que no nos va a dar algo mas grande de lo que podamos soportar. Dios nos empieza con pruebas pequeñas para que esa pequeña fe crezca un poco, luego que pasamos esa prueba, nos va a poner una un poquito mas grande y cuando la pasemos vamos a estar listos para una mas fuerte y así gradualmente vamos creciendo en la fe y vamos madurando en nuestra vida espiritual. Entonces las pruebas son necesarias para ejercitar la fe; de otra manera de que nos serviría tener fe si nunca la vamos a usar

Sigue Creciendo

Nuestra meta siempre debe de ser el seguir creciendo, sin importar la edad, no debemos de parar de aprender porque llegamos a cierta edad pensando que ya lo hemos alcanzado todo, que no hay algo nuevo que podamos aprender.

El ministerio debe seguir creciendo, la familia debe seguir creciendo, crecer en amor, en fe, en armonía, en conocimiento. Tenemos que trabajar para llegar a la estatura de Cristo y para llegar a esto se requiere poner mucho de nuestra parte.

Cuando pedimos a Dios que aumente nuestra fe; Dios va a mandar tiempos difíciles para que estrechemos nuestra fe. La fe se usa y crece en tiempos difíciles. Al estar escribiendo este capitulo estoy recordando que muy seguido le he pedido a Dios que aumente mi fe. Siempre he dicho que quiero ser una mujer de fe. Dios si escucha nuestras oraciones y conoce los deseos del corazón. Al estar escribiendo, Dios me ha dado esta revelación. He pasado tantas pruebas en mi caminar con Dios. He tenido muchos tiempos difíciles, el enemigo siempre ha atacado en mi salud y en mi familia. Las luchas en el hogar han sido innumerables y en este momento me estoy dando cuenta que ha sido porque quiero ser una mujer de mucha fe. Dios ha estrechado mi fe a través de las aflicciones. Gradualmente las dificultades han sido mas fuertes hasta llegar a esta que estoy pasando que ha sido la mas difícil.

Cuando recién me convertí a Cristo, una de mis hijas tuvo un problema de salud que se le hizo crónico. Genesis tenia un año cuando empezó a tener infecciones en los oídos, la tratábamos, pero la infección siempre volvía, después de ver varios doctores uno de ellos me dijo que ella necesitaba una operación en los oídos lo que yo no quería hacer. Yo me comprometí con Dios haciéndole una promesa a cambio de que él la sanara sin necesidad de la operación.

Dios la sano de esa infección y nunca mas volvió a tener infecciones en los oídos. Al ver esto mi fe empezó a crecer.

¡Dios me contesto tan rápido!

¡Fue como cuando un niño pequeño le pide algo a su padre y el padre que lo ama tanto se lo da inmediatamente!

Todos quisiéramos que Dios nos contestara de esta manera, pero no siempre va a ser así.

Dios nos ama con un amor incondicional, pero quiere que crezcamos en todos los sentidos incluyendo en la fe por eso a veces no nos contesta así de rápido. Al no darnos una respuesta inmediata nos quiere desincomodar, él quiere que salgamos de esa zona de comodidad en la que hemos caído. La adversidad nos va a ayudar a buscar mas su presencia y en su presencia vamos a crecer.

Tu fe será probada

Todo lo que acontece al justo es con un propósito, al ser la fe probada es con un propósito. Si estamos serios buscando a Dios y nuestra meta es seguir creciendo vamos a llegar a un periodo donde la fe será probada, todos vamos a llegar a ese tiempo nos agrade o no. Si la fe no es probada, no va a crecer, no se perfecciona. Es necesario que pase por el fuego para que pueda brillar.

> *1Pedro 1:5-6 dice, "que sois guardados por el poder de Dios mediante la fe, para alcanzar la salvación que esta preparada para ser manifestada en el tiempo postrero. En lo cual vosotros os alegráis, aunque ahora por un poco de tiempo, si es necesario, tengáis que ser afligidos en diversas pruebas."*

Cuando estamos siendo probados solemos preguntarnos:

¿Porque me esta pasando esto si Dios esta conmigo?

Sin entender que es precisamente por eso que estoy pasando esto, porque Dios esta conmigo y tienee sus ojos puestos en mi y quiere que llegue a la estatura de Cristo.

La fe es transformada cuando pasa por el fuego, nuestra vida es transformada cuando pasamos ese proceso. Debemos tener animo porque en medio del fuego Dios esta con nosotros, no lo estamos enfrentando solos.

Cuando los tres hebreos fueron arrojados al horno de fuego, un cuarto varón apareció ahí, el ángel de Jehová estaba en ese horno con ellos. Al ver ellos como Dios los libró de ese fuego, creo que su fe fue transformada y esta bendición alcanzo también al rey, cuando los vio salir intactos bendijo al Dios de Israel.

La fe tiene propósitos eternos y para lograr estos propósitos lo terrenal tiene que ser afectado de alguna manera. Los tres hebreos sufrieron de alguna manera, fueron atados, quizá sintieron temor, pero a través de aquello Dios estaba preparando algo mejor, su fe se hizo mas fuertes y los que no creían en el Dios de los Hebreos empezaron a creer. A través del sufrimiento aprendemos a vivir por fe y tenemos que declarar que si Dios hizo un milagro una vez lo va a volver a hacer. No debemos de permitir que amargura entre en el corazón sino pensar que Dios esta preparándonos para una bendición mas grande. Esto no es un juicio de Dios, es un proceso de transformación y de bendición. Si nos amargamos le vamos a decir a Dios que clase de fe tenemos y quizá vamos a perder esa gran bendición que Dios nos quiere dar.

¡No permita que su fe se queme en el fuego!

Después del tiempo de prueba vienen las bendiciones, el día de restauración llegara. Dios puede devolvernos todo lo que hemos perdido y aun mas. Dios quiere restaurar todo en mi vida incluyendo mi familia, mi salud o cualquier área en la que este luchando.

Al dar el primer paso de fe para tratar de recuperar lo que Dios ya nos dio, entonces Dios empieza a obrar y vamos a empezar a ver respuestas a nuestras oraciones. Por cada paso de fe que damos, Dios va a hacer algo. Nuestra fe es lo que mueve la mano de Dios, necesitamos una gran dosis de fe diariamente para tocar el corazón de Dios y que su mano de poder toque nuestra vida. Sabemos que nada es imposible para Dios, pero el prueba nuestra fe para que aprendamos a usarla y a caminar en ella.

Dios restauro a Job y le dio el doble de bendiciones que antes tenia, si lo hizo con Job también lo puede hacer con nosotros y él lo quiere hacer.

"Y quito Jehová la aflicción de Job, cuando el hubo orado por sus amigos; y aumento al doble todas las cosas que habían sido de Job." - Job 42:10

Dios ha probado mi fe varias veces y en los procesos de lucha el Señor me ha enseñado a caminar por fe. Le doy gracias a Dios que he podido permanecer de pie. Las pruebas me han hecho mas fuerte y han hecho de mi una mejor persona. Cada día tengo que vivir por fe, creyendo que el esta en control de todas las cosas. Cuando no entiendo las cosas que están sucediendo, cuando no veo la salida ni se cuanto tiempo durara el proceso solo me queda esperar confiadamente. No debo de olvidy que Jesús esta conmigo en medio de esta tormenta y él es el que va a calmar esta tempestad y muy pronto me dará la victoria. En tiempos de aflicción es muy importante que no olvidemos que Jesús esta en nuestra barca y tenemos que aprender a dejarlo que el vaya dirigiendo esa barca.

Mantener la fe cuando te sientes tan mal es una lucha muy fuerte, cuando sientes que tu cuerpo se esta quebrantando por dentro y así tienes que seguir caminando es tan difícil, solo Dios nos puede dar la fortaleza. Yo busco mi provisión diaria, siempre le digo al Señor: " El pan nuestro de cada día damelo hoy". Un día a la vez.

6

Mi Historia...

En los capítulos anteriores he estado dando un poco de información de lo que he estado pasando, en este capitulo quiero narrar lo que le he llamado: La peor pesadilla que he pasado en la vida. Como dije en el capitulo anterior mi fe ha sido probada varias veces. Esta prueba que estoy pasando al estar escribiendo este libro ha sido terrible. Todo empezó después de una cirugía que tuve en el año 2016, fue algo sencillo o por lo menos eso fue lo que yo creí en ese momento. Paso algunos meses después de la operación seguía teniendo molestias y dolor como que no sanaba de la cirugía. El doctor me decía que era cuestión de tiempo que esperara y que iba a estar bien. Espere por varios meses y seguían las molestias. Llegue a pensar que el doctor había hecho algo mal en la cirugía.

Espere muchos meses mas confiando en Dios y pensando que iba a pasar. Tengo conocimiento sobre nutrición y medicina alternativa así que empecé a tomar suplementos, muchos suplementos naturales, todo lo que pensaba que me podía ayudar lo tomaba, pero mi cuerpo no respondía. No entendía lo que había pasado. Me sentía tan confundida y frustrada; sentía que mi cuerpo me estaba traicionando, estaba atrapada en mi propio cuerpo y no encontraba la manera de salir. Esto me estaba limitando físicamente. Antes de esto yo era muy activa, siempre me ha gustado trabajar y mantenerme activa, iba al gimnasio regularmente.

Según yo era una persona saludable, ya que tenia muchos años siendo responsable al tener cuidado de mi persona, aparte de la nutrición realizaba diferentes actividades físicas como: correr, caminar, nadar e ir al gimnasio tres veces por semana, también soy muy disciplinada en mi tiempo de descanso, trato de no desvelarme, lo único que tomo es agua pura y te de hierbas. En general considero que tengo una buena disciplina en todas las áreas.

Así que cuando me enfermé no lo entendía me dije: ¿Que paso? y todo lo que he hecho de que ha servido?

Nunca pensé que pudiera ser algo tan serio y difícil de tratar. Pensé que no era justo, existen tantas personas que tratan tan mal su cuerpo y están bien y yo que había hecho tanto por cuidar mi salud ahora me encontraba mal.

Al pasar el tiempo y ver que no mejoraba sino al contrario el dolor se iba intensificando, empecé a buscar doctores. Visite varios doctores, aquí donde vivo, en Chihuahua, en Cd Juárez y en Dallas

Visite un medico familiar, tres ginecólogos, dos quiroprácticos, un ortopedista y tres neurólogos. Estuve en terapia física, traté masajes, acupuntura, terapia neural y otras mas.

Cada doctor me hacia estudios diferentes y todo salía normal. Como todo parecía estar bien yo dije: "No tengo nada" solo tengo que esperar y confiar en Dios que pronto pasara y deje de ir al doctor por algún buen tiempo. Como no encontré respuesta con la medicina convencional, fui con un quiropráctico, el me dijo que era neuropatía y empezó a tratarme por neuropatía, dure algunos meses con el. Gaste mas de cinco mil dólares tratándome por neuropatía y no era neuropatía, las terapias que el me daba me ayudaban bastante pero luego volvía a estar igual.

Me di cuenta de un doctor en Austin que trataba la neuropatía, fui con el y el me dio un diagnostico diferente, me dijo que era meralgia parestesia y empezó a tratarme por eso, dure tratándome algún tiempo, pero tampoco me dio resultado. Luego supe de un tratamiento homeopático de Alemania que supuestamente cura "todo" pues me fui a tratarlo, mas de seis meses tratándolo y no vi resultados. Nada funcionaba, la frustración y la desesperación empezaron a aumentar, no entendía este misterio. El siguiente doctor que visite fue un ortopédico en Cd. Juárez, este doctor tratando de resolver el misterio me mando con un neurólogo para que me hiciera un examen de los nervios, al ver los síntomas el neurólogo me dijo que el no pensaba que era lo que decía el doctor ortopedista, pero como quiera me hizo el estudio, el cual salió normal. Entonces yo decidí hacer una cita con el neurólogo. Antes de ir a esta cita yo pase tiempo orando y pidiéndole a Dios que le diera sabiduría a este doctor para que pudiera ayudarme a encontrar lo que estaba pasando. El neurólogo me recomendó una prueba de sangre, en me dijo que iba a revisar los anticuerpos antinucleares, no entendí lo que eso era, pero me hice el examen. Al volver por los resultados el doctor me dijo que me salió positivo la bacteria que se llama Borrelia Burgdorferi, tampoco entendí que era eso, nunca la había escuchado y el me explico que esta bacteria causa la enfermedad de Lyme.

El diagnostico

Dios escucho mi oración y guio a este doctor para ayudarme a encontrar un diagnostico, cuando el doctor me dijo que salió positivo la bacteria que causa Lyme, me alegre en cierta manera porque al fin alguien me decía algo.

¡Al fin tenia un diagnostico!

El doctor me dio antibiótico por un mes y me dijo que iba a ir mejorando poco a poco, como yo no tenia conocimiento lo que era esta, le creí, compre el medicamento y me regrese a casa muy contenta pensando que ahora si iba a poder tratarme y muy pronto iba a estar bien. ¡Después de mas de dos años de buscar ayuda con diferentes doctores, al fin me dan una respuesta! Tenia motivos para celebrar y agradecerle a Dios por su ayuda, pero no sabia realmente con lo que me estaba enfrentando.

Algunos meses después de haber terminado el antibiótico, me hice otros exámenes, los cuales dieron negativos. Algún tiempo después un Dr. En Dallas me hizo el estudio una vez mas y salió negativo, aunque el me dijo que para el era positivo y que tenia Lyme, el único estudio que me dio positivo fue el que hice en Cd. Juárez. Imagínense lo difícil que fue para mi. De verdad nunca tuve un diagnostico bien claro, pero Lyme es así. Los doctores explican que se puede meter profundamente en los tejidos que no se va a enseñar en la sangre, así que los doctores que saben de esto se basan mas en los síntomas que en los análisis clínicos, pero para el paciente es muy difícil no estar al 100% seguro si estas en lo correcto o no, pero uno tiene que tratar, no queda otra opción. Yo tuve que tratarme por Lyme, ya que ya me había tratado por tantas otras cosas que ni tenia, después al ver otros síntomas tuve que tratarme por Bartonella.

Cuando empecé a estudiar lo que es la enfermedad de Lyme y el daño que causa al cuerpo me asuste, se me quito lo contenta que estaba. Empecé a buscar mas información, compre un libro donde aprendí mucho acerca del tema, después compre otro libro un poco mas complejo. Los dos me han ayudado bastante a entender lo que es esta bacteria y como y descubrí que la enfermedad de Lyme es como entrar en una guerra. Mire varios testimonios y conferencias de doctores especialmente del Dr. Rawls. El es un experto en el tema ya que el estuvo enfermo con Lyme por muchos años, cuando escuche que después de saber lo que tenia duro cinco años en recuperarse me preocupe pensando cuanto tiempo me iba a tomar a mi recuperarme. El neurólogo no me dijo que era algo tan serio, me dio a entender que con un mes de antibiótico iba a estar bien, al ver testimonios de personas que han estado tan enfermas y por tantos años no lo podía creer que yo estuviera pasando por esto y que una bacteria pudiera causar tanto daño.

La mayoría de la gente que ha tenido o tiene Lyme han recorrido un largo camino con diferentes doctores, con diagnósticos equivocados y la mayoría ha sufrido mucho por la falta de información o la información equivocada de la medicina convencional, la mayoría de los doctores no tienen gran conocimiento de este problema. Es muy difícil encontrar un doctor que tenga conocimiento y te pueda ayudar es por eso por lo que la mayoría de los pacientes con Lyme recurren a la medicina alternativa. En Texas el Lyme no es común.

Mi medico familiar me dijo que no podía ser Lyme, porque esto no existe en Texas. Un doctor que vi en Dallas me dijo que el no me podía diagnosticar con Lyme porque es ilegal diagnosticar con Lyme en Texas. Esto nomas nos muestra la falta de información por parte de los médicos en mi área. En Texas no tenemos ayuda para este problema es por eso por lo que tuve que viajar a otro estado para buscar tratamiento.

Doctores, tratamientos, terapias....

El año 2018 fue un año muy difícil ya que los síntomas en lugar de mejorar empeoraban y esto me iba limitando cada vez mas, ya no podía caminar media hora seguida como antes, me costaba mas trabajo manejar y hacer mis actividades diarias. Empecé a buscar doctores desde el año anterior, estuve en tratamiento por algunos meses, los doctores no sabían lo que tenia, pero si me daban diferentes medicamentos tratando de encontrar algo que me ayudara y si mejoré, lo que mas me daban eran medicamentos antiinflamatorios y para controlar el dolor, solamente cubriendo los síntomas. Fue muy difícil para mi tener que tomar medicamentos, siendo naturista y saber que las drogas intoxican el cuerpo, en cuanto me sentía mejor los dejaba, me resistía a tomarlos, pero el dolor y las molestias se intensificaron que no me quedo otra alternativa que tomar medicina que me ayudara a controlar los síntomas.

El 2018 me la pase todo el año tratando diferentes terapias alternativas como terapia física, laser frio, cámara hiperbárica, acupuntura, medicina homeopática, y otras mas. Al mismo tiempo tomaba diferentes medicamentos para controlar los síntomas y también tomaba muchos suplementos naturales, estaba desesperada tratando de encontrar algo que pudiera ayudarme, pero nada funcionaba, con las diferentes terapias me sentía un poco mejor pero luego volvía a estar igual.

Fue hasta fines del año 2018 que un neurólogo me dio un diagnostico y le doy gracias a Dios por ese doctor, un diagnostico difícil me es mejor a no saber nada y estar tratando de adivinar. Cualquiera se desespera al estar mal por tanto tiempo y no saber que esta pasando, empecé a tener ansiedad porque no veía la salida, pero confiada en Dios su palabra dice que el siempre nos va a dar la salida. La palabra de Dios me sostuvo en los momentos mas difíciles. Yo no sabia como, pero tenia la convicción de que iba a salir de esto. El neurólogo me ayudo a encontrar un diagnostico y a darme una receta para un mes de antibióticos. La verdad no se si el antibiótico me ayudo o si fue contraproducente, creo que era muy tarde para el antibiótico ya que este funciona mas bien en la etapa aguda. Si me sentí un poco mejor mientras lo tome, pero después de algunas semanas de terminarlo note que varios síntomas empezaron a aparecer, síntomas que no había tenido antes. Note que el neurólogo no tenia mucha información acerca de este problema ya que no me contestaba muchas preguntas que yo tenia, el simplemente me ayudo a descubrir el misterio así que ya no volví con el.

Tratamiento natural

Al empezar el año 2019 le dije a Dios que no quería pasármelo igual que el año anterior de doctor en doctor. Pedí la guianza del Espíritu Santo para aprender a tratarme. Decidí tratarme con medicina natural incluyendo terapias como acupuntura, masaje, suplementos y la alimentación, eso es muy importante, traté de tener un estilo de vida lo mas saludable posible.

En abril del 2019 empecé el protocolo del Dr. Rawls que consiste en cuatro formulas, entre todas son mas de 50 ingredientes. Muchos de los componentes de estas formulas ya los había tomado antes por separado, Dr. Rawls lo puso todo junto por lo que se hace mas fácil tomarlas. Las primeras semanas mi cuerpo lo recibió bien y empecé a sentirme un poco mejor. Este tratamiento se empieza despacio solo una de cada formula dos veces al día, poco a poco se va incrementando la dosis hasta llegar a tres de cada una dos veces al día. Después de dos meses de tomarlas me empecé a sentir mucho peor, los síntomas se intensificaron y me sentía horriblemente mal. Sentía nausea, mareo, aturdimiento, molestias en el pecho, el dolor se intensifico. No entendía que estaba pasando. Dr. Rawls tiene muy buen equipo de apoyo así que les llame y ellos me explicaron que cuando la bacteria Borrelia se elimina con el uso de terapias a base de hierbas, las partes de la bacteria muerta llamadas endotoxinas se eliminan empieza a morirse y el cuerpo empieza a eliminarla. De acuerdo con Dr. Rawls: "Estas endotoxinas luego circulan por todo el cuerpo y causan una reacción de inflamación intensa en todo el cuerpo"

Esto causa que la guerra que ya esta dentro del cuerpo contra los microbios se intensifique. Esto hace que uno se sienta bastante mal. Se le llama: "herxheimer reaction".

Este periodo es muy difícil, ya que uno espera sentirse mejor y no peor. Ellos también me explicaron que antes de sentirse mejor, uno se siente peor y esto puede significar que el tratamiento esta funcionando. Tuve que bajar la dosis por unos días hasta que me sentí mejor, luego volví a aumentarla poco a poco. Después de estar en la dosis completa por algunas semanas volví a tener los mismos síntomas, quizá un poco peor que antes; entonces tuve que parar de tomar los suplementos por completo por casi una semana y volver a empezar de nuevo con la dosis mas baja. Tenemos que aprender a escuchar nuestro cuerpo, cuando estas reacciones ocurren es mejor ir despacio para no estresar mucho el cuerpo. El mismo cuerpo te va diciendo si esta bien la dosis o si necesitas ajustarla. Después de algunas semanas, volví a sentirme bastante mal, aun peor que la primera crisis, mi cuerpo estaba bastante sensible que no podía tolerar las hierbas, así que tuve que parar completamente con el tratamiento. Por seis semanas me enfoque solo en mejorar la digestión, ya que todavía estaba bastante mal en esto. Lo hice principalmente con la dieta. Hice una dieta antiinflamatoria. Básicamente solo comía vegetales, la mayoría cocidos, frutas y buenas fuentes de proteína, mayormente de pescado y pollo. También use algunos suplementos de este mismo doctor que me ayudaron a mejorar mi digestión. Es muy importante tener una buena digestión porque de lo contrario los nutrientes de los alimentos no van a ser absorbidos por nuestro cuerpo y solo vamos a estar tirando los suplementos que tomemos, creo que yo he tirado muchos suplementos porque tenia muy mala absorción. Mi digestión mejoro bastante después de un mes con esta dieta y suplementos. Pero como dejé de tomar las hierbas que estaban suprimiendo los microbios, empecé a sentir síntomas muy raros que no había tenido antes. Como ya no quería mas doctores, volví a intentarlo yo sola, volviendo a empezar el tratamiento de Dr. Rawls. Este tratamiento es muy bueno, pero a veces se necesita algo mas. Cuando lo tratas por seis meses o mas y no mejoras, entonces hay que pensar que algo mas esta pasando; puede ser moho o metales pesados. Los reportes dices que: "80% de las personas que tienen lyme, también tienen moho".

Esto paso conmigo, al no mejorar después de muchos meses de seguir intentando, tuve que buscar otro medico y hacer mas análisis. En esos análisis salió que tenia moho y otras co-infecciones.

Tener moho en el cuerpo, aparte de Lyme y otras cosas es muy feo y difícil porque uno se confunde y no sabe exactamente a que se deben los síntomas; si al moho, a Lyme o algo mas. Yo me encontré con una serie de cosas, que se me hacia difícil poder creer que tenia todo esto en mi cuerpo. Tratar el moho es muy importante, mientras no se trate con esto, la persona no va a mejorar. La presencia de moho en el cuerpo puede causar muchos síntomas incluyendo: aturdimiento, ansiedad, depresión, tos, fatiga, congestión entre otros. Estos mismos síntomas también pueden ser causados por Lyme a excepción de la tos, una tos continua que no se quita con nada puede indicar moho. Por lo tanto, es muy importante tratar de eliminar el moho del cuerpo al mismo tiempo o antes de tratar el Lyme.

Días de Soledad

A esta enfermedad se le conoce como el enemigo invisible aparentemente uno se ve bien y toda la gente piensa que uno esta bien incluyendo la familia, pero la realidad es otra, se siente uno tan mal y tan poco comprendida es como si dentro del cuerpo se estuviera llevando una guerra. Al principio uno no entiende, yo no entendía lo que estaba pasando en mi cuerpo, menos lo iba a entender mi familia o la demás gente y es que uno se ve aparentemente bien, físicamente luce bien. Este problema me limito tanto físicamente que había días que no podía salir para nada. Fueron muchos días que la pase en mi casa, la mayor parte del día la pasaba sola. Mi esposo siempre esta ocupado en sus cosas y no le quedaba tiempo para mi o por lo menos así lo sentía yo en ese tiempo. El es muy trabajador y siempre se ocupa en otras cosas, sentía una soledad tremenda y la necesidad de un poco de atención. Me sentía abandonada, llegue a sentirme abandonada por Dios, tenia que repetirme a mi misma la palabra de Dios en voz alta para que me recordara que no estaba sola, su palabra dice que el nunca me va a abandonar, él siempre esta con nosotros cuanto aun en situaciones difíciles. Pasaba largas horas meditando, leyendo o escribiendo, escribir se hizo mi pasatiempo favorito, ayuda bastante expresar los sentimientos, sacar lo que esta dentro de uno te liberta. No expresar nuestras emociones causa mucho daño emocional, es muy importante tratar con lo emocional para poder recuperar la salud física. Yo expreso mis emociones por escrito, guardo un diario y también le escribo cartas a Dios. Cuando uno no tiene alguien que te escuche y que logre entender lo que estas pasando esta el Señor, El si sabe escucharnos y entendernos porque ningún hombre puede conocer tu corazón como lo conoce Dios. Meditar, escribir y esperar el consuelo y la fortaleza que da Dios me ayudaba bastante en mis días de soledad. escribía todos los días, este libro lo escribí mientras pasaba por este proceso. Lo escribí en tiempo pasado, es decir como si ya hubiera pasado todo, pero en realidad cuando estaba escribiendo es cuando estaba bien mal, cuando todavía no veía la salida. Lo escribí confiando en Dios de que iba a pasar. Poco a poco la gente se va alejando de uno, al principio te llaman para ver como estas, en que te pueden ayudar, pero conforme pasa el tiempo se van alejando, las amigas, las hermanas de la iglesia, la familia se va acostumbrando a que estas mal y bueno saben que de alguna manera vas a sobrevivir. Pase días muy obscuros donde sentía la necesidad de que alguien estuviera conmigo y a veces si llegue a sentirme prácticamente sola. Creo que es entendible la vida continua y cada uno tiene sus propias obligaciones.

En los días que me sentía mejor y podía moverme mas quería aprovechar para salir y hacer muchas cosas, hacia dos o tres cosas y luego regresaba la mayoría de las veces en dolor otra vez. A veces no podía ni hacer todas las compras en el súper mercado por el dolor que me aumentaba, recuerdo el estar haciendo línea para pagar desesperada por salir de ahí lo mas rápido posible. Así que para evitar o tratar de evitar estos episodios tan feos pasaba la mayor parte del día en la casa, solo salía a hacer las cosas realmente indispensables o tenia que posponerlas para cuando pudiera. Aun manejar cortas distancias me causaba mas dolor. A veces me desesperaba o me aburría de estar todo el día en casa, sentía la necesidad de salir un poco y me iba algún lugar cercano solo para regresar en dolor. Me acostumbré a estar todo el día o casi todo el día sola me refugiaba en Dios y en escribir. Dios se convirtió en mi compañero principal, es peligroso estar tanto tiempo sola ya que uno puede caer en depresión, muchas personas han llegado a suicidarse al estar en una situación así. Yo no caí en depresión, hubo muchos momentos en que si me sentía muy triste, pero eran momentos que pasaban rápido. Le doy gracias a Dios por no haber caído en depresión, El me ayudo a mantener mi fe. Siempre sentía las ganas de vivir y de no darme por vencida y esos sentimientos solo podían provenían de Dios.

Entendiendo el problema

El primer paso que debe uno de dar cuando tiene una enfermedad crónica es entender lo que es. El síndrome de Lyme yo la comparo con una lucha espiritual, tienes que conocer al enemigo, una vez que lo conoces tienes que usar todas tus armas para pelear y poder tener la victoria. Hay que educarse, aprender lo mas que puedas acerca del tema. Hoy en día contamos con muchos medios de información y debemos tomar ventaja de esto. Yo he aprendido mucho acerca de este problema de salud, contamos con libros, con internet, etc. Es fácil aprender y es fácil escuchar testimonios de personas que están sufriendo con esta enfermedad o con cualquier otra, pero entender y aceptar que te esta pasando a ti es difícil. A mi me costo mucho aceptar que tenia un problema de salud y no cualquier problema sino un problema bastante serio. No andaba por ahí diciendo lo que me estaba pasando, en realidad nunca dije: "tengo Lyme desease".

Al principio del proceso trataba de hacer mi vida normal y cumplir con todas mis responsabilidades, aunque me costaba trabajo y dolor lo hacia. Tengo mas de 20 años en la iglesia que asisto y siempre he estado activa. He sido maestra de niños por mas de 20 años, líder de células, discipulado a personas nuevas y no quería dejar nada de esto. Este problema es progresivo conforme pasaba el tiempo notaba que me costaba mas hacer las cosas, simplemente manejar para ir a la iglesia era difícil, ya una vez en la iglesia estar sentada por mas de media hora no lo podía aguantar, trataba lo mas que podía porque no quería salirme del servicio, pero cada vez se hacia mas difícil, salía de ahí en dolor, desesperada por llegar a mi casa a recostarme. Cada vez que regresaba de la iglesia en dolor decía: "ya no voy a ir" "mientras este así, no voy a ir" Llegaba el día de servicio y ahí voy otra vez y regresaba igual.

Cuando entendí lo que es Lyme, tuve que empezar a hacer mi mundo mas pequeño, si quería salir de esto tenia que empezar a dejar responsabilidades a un lado, las puse en un tiempo de espera y no solo responsabilidades sino también cosas personales que me gusta hacer. Tantas cosas que tuve que poner en espera simplemente ir a un parque a caminar, ir al gimnasio a nadar, visitar a mi mamá seguido como antes, esto si me dolía bastante, no ir a verla por no tener que manejar, fue difícil.

En la iglesia lo primero que deje fue los niños, me pudo mucho ya que tenia muchos años sirviendo como maestra. Empecé a faltar mucho a los servicios, de pensar que iba a regresar en dolor ya no quería ir o solo iba un rato. Este síndrome produce una serie de síntomas progresivos que llego un tiempo en que no podía tolerar los ruidos fuertes, la televisión no la prendía en todo el día y cuando lo hacia tenia que tener el volumen muy bajito. Al igual la música, tenia que ser algo muy suave y bajito. El estar en la iglesia también se me hacia difícil por ese lado, el sonido fuerte de la alabanza y de la predicación era difícil para mi poder tolerarlo.

Me costo entender que tenia un problema y que tenia que poner todo mi esfuerzo para poder salir de esto. Si para mi fue difícil entenderlo cuanto mas para mi familia que realmente no sabían lo que estaba pasando, entendí porque no estaban tanto conmigo y era porque simplemente pensaban que estaba bien o por lo menos no tan mal. Cuando mi familia entendió lo que es Lyme entonces empecé a sentir un poco mas de su apoyo especialmente de mi hija Nallely, mi yerno Jesé y mi nieto Levi que pasaba ratos conmigo. Fue de mucha ayuda emocional cuando sentí mas el apoyo de mis hijos, el estar con ellos me daba fortaleza. Yo no quería ser una carga para mis hijos ni para nadie, así que no me quejaba mucho, pero llego un momento en que ya no podía ocultar como me sentía, cada vez se hacia mas obvio. Cuando mi hijo Nathan entendió lo que estaba pasando, pude sentir su amor y su apoyo incondicional. El me llevaba al doctor, al súper mercado o a donde tenia que ir. A veces solo me decía:

"vámonos a dar una vuelta, mom, no es bueno que estés metida todo el día en casa". Gracias a Dios por mis hijos, mi hija Génesis también me apoyo en lo que ella pudo.

Confusión

Como dije anteriormente Lyme es algo muy complejo y no hay un tratamiento especifico como en otras enfermedades. Lo que puede funcionar para una persona, no funciona para otra, así que uno tiene que tratar diferentes tratamientos hasta que encuentra lo que puede ayudarle, es por esto que la mayoría de las personas con Lyme andan de doctor en doctor y muchas veces sin encontrar ayuda o respuestas, esto puede confundir a cualquiera. Yo pase mucho tiempo de bastante confusión. Diferentes doctores y to sabia que hacer. Oraba y no encontraba respuesta, mi mente estaba muy confundida, no podía pensar claramente y me contaba mucho tomar decisiones, sentía la necesidad de que alguien me ayudara a decidir.

Ya no quería ir a ningún medico, pero necesitaba ayuda. Es horrible sentirse confundido y sin una dirección clara. Me identifique con Job en su angustia. En el capitulo 3 Job expresa todo su dolor y desesperación por la situación en que se encontraba.

> *"Porque el temor que me espantaba me ha venido, y me ha acontecido lo que yo temía". Job 3:25*

Si puede venir temor a nuestra vida. Yo tuve temor de no poder valerme por mi misma. Cuando llegue al punto de que no podía caminar ni diez minutos seguidos, si me dio miedo. Cuando iba a la tienda a hacer las compras y tenia que usar un carro eléctrico para no tener que caminar dentro de la tienda, pues me daba tristeza y no quería encontrarme a algún conocido. Dios es nuestra fortaleza en todo tiempo pero como seres humanos vamos a enfrentar temores y angustias. La muerte no me da temor pero el quedar incapacitada y ser una carga para alguien, eso si le asusta hasta el mas valiente. Job al ver su condición deseaba morirse, podemos ver una depresión en el tono de sus palabras que hasta maldijo el día en que nació. Yo si me llegue a sentir angustiada, solo me apoyaba en la palabra que dice que Dios siempre estará con nosotros. Si su palabra dice esto; entonces yo lo creo, porque El no miente. Pude experimentar su presencia en los momentos que mas angustiada me sentía.

Mi Rutina Diaria

Mi mundo se hizo muy pequeño y por un tiempo solo me enfoque en lo que tengo que hacer diariamente para recuperarme. Hice un plan y este plan consistía en disciplina, consistencia y paciencia. Siempre he sido muy disciplinada, así que esta parte no se me hizo tan difícil. Consistencia y paciencia eso si fue difícil, el tener que hacer lo mismo todos los días, la misma rutina en cuanto a la alimentación, al ejercicio, al tiempo de descanso. Puse mi mejor esfuerzo y lo hice bien por mucho tiempo, especialmente la alimentacio, soy muy estricta en esta área. Por un tiempo solo comia vegetales crudos y un poco de fruta, baje muchísimo de peso. Cuando uno esta tan mal, tiene que hacer lo que sea, o lo que a otras personas les ha ayudado, no te queda de otra.

Lyme puede causar daño a todo el cuerpo y todos los sistemas se ven afectados, así que una vez que se controla la bacteria, se puede tardar mucho tiempo para recuperar la salud y reparar el daño. En este momento ni se cuanto tiempo me valla a tomar lograr todo esto y llega el momento que uno se cansa y quiere darse por vencida, si hubo momentos en que sentía que ya no podía continuar y quise darme por vencida, pero Dios siempre estuvo conmigo y me daba ese impulso para seguir luchando.

Mis días eran simples y trataba de hacerlo todos los días incluyendo los fines de semana.

Me levanto casi siempre a la misma hora (7:00 a.m.) y trato de acostarme a la misma hora (9:30 p.m.) ya que para recuperarse es imprescindible tener suficientes horas de sueño por lo menos 7. Por la mañana tengo mi tiempo devocional de oración, leer la palabra y alabanza, luego sigue el desayuno y luego un poco de ejercicio que no podía hacer gran cosa. Hay unos ejercicios que se llama Gigong and Thai-chi son ejercicios muy sencillos pero muy beneficiosos especialmente para relajarse es solo respiración y un poco de estiramiento. Cuando podía hacia de 10-20 minutos en la mañana y 10 minutos en la tarde, cuando mejore un poco empecé a hacer yoga al principio solo podía hacer 5 minutos luego poco a poco fui aumentando el tiempo, después de el ejercicio paso un tiempo escribiendo y luego leyendo. Para cuando termino todo esto ya es hora del almuerzo. No podía comer fuera así que preparar la comida diariamente me llevaba bastante tiempo. Me enfocaba en preparar alimentos nutritivos cada día.

Lyme es causada por una bacteria, un tipo de parasito que vive a costa de uno. Los parásitos nos roban los mejores nutrientes, así que tenia que enfocarme en reparar el daño causado con una buena alimentación. La dieta es muy restringida al principio del proceso, me tenia que enfocar en tener una dieta antiinflamatoria. En otro capitulo tratare la dieta en forma mas especifica ya que es un elemento clave para recuperarse y no solo de Lyme sino de cualquier enfermedad crónica. Me enfoque por algún tiempo en poner mi mejor esfuerzo en esto, en recuperar mi salud. Al principio me forzaba a hacer las cosas pero luego me sentía peor, por lo tanto tuve que aprender a conocer mis limites, es bien difícil aceptar que uno esta limitada y que ya no puede funcionar igual que antes pero poco a poco uno tiene que ir aceptándolo y hacer ajustes en su rutina diaria es importante; el pensar que es solo por un tiempo nos puede ayudar a seguir adelante, tratar de hacer mas de los limites puede ser contraproducente y retardar el proceso de recuperación.

Me costo mucho entender y aceptar esto, simplemente no podía decir "no puedo", no puedo manejar para ir a la iglesia, no puedo ir a eventos especiales o reuniones familiares y lo hacia, me iba, me esforzaba y después pagaba el precio. Dure mucho tiempo en esto, me sentía atrapada, un ciclo del que no podía salir. Me sentía poco mejor, salía a hacer algunas cosas, regresaba en dolor, estaba en dolor por el resto del día y tenia que esperar al siguiente día para recuperarme y poder levantarme de nuevo. La falta de conocimiento de este síndrome retarda mucho la recuperación, así que tenemos que educarnos y la familia de un paciente con Lyme debería de educarse también para que puedan entender la severidad de esto y ayudar mas al paciente en el proceso de recuperación, es muy difícil cuando uno siente que lo esta haciendo sola.

Me toco andar en Uber y en camión, por muy pequeño que hice mi mundo como quiera a veces tenia que salir y cuando de plano no podía manejar tuve que usar el camión especialmente si eran distancias un poco largas.

La vida nos lleva por diferentes procesos y tenemos que aprender a hacer lo mejor que podamos con lo poco que tenemos a disposición para poder sobrevivir. Llegué a un punto en que me costaba tanto manejar, que deje de hacerlo por completo. Esto se me hizo tan difícil, me sentía como prisionera en mi propia casa. Prefería no salir que tener que manejar y luego estar en aun mas dolor. No recuerdo cuanto tiempo estuve sin poder manejar pero si fueron muchos meses. Aun caminar se me hacia difícil, mi caminata diaria era una o dos vueltas alrededor de mi casa y eso no todos los días, hasta que llegue a casi no poder caminar, así que me conformaba con poder caminar dentro de mi casa para hacer mis labores diarias. Fue por eso que deje de ir a la iglesia, mi esposo me dejaba en la puerta de la iglesia, solo caminaba de la puerta al santuario y sentía que no podía, así que tuve que dejar de ir a la iglesia por completo; así como también a muchas otras partes. Siempre tuve en mi mente que seria por un tiempo corto y me repetía varias veces: "esto no será para siempre"

De donde vino esto

Me he preguntado tantas veces: ¿De donde vino todo esto?

Nunca vi la picadura de la garrapata ni la irritación en la piel, ni tampoco tuve los síntomas de la etapa aguda, por todo esto no lo entiendo y nunca lo voy a entender, nunca voy a saber como la contraje. Es por esto por lo que me costo mucho aceptar que pudiera tener esta enfermedad, aun todavía a veces me entran dudas. Tengo muchos de los síntomas de Lyme en su etapa crónica y me identifico con muchos testimonios que he visto. La mayoría de la gente esta igual que yo no saben que paso. Hay personas que han sufrido por muchos años, es increíble que la gente sufra tanto y que los doctores tarden tanto en dar un diagnostico, cada año hay mas casos de Lyme, creo que los doctores ya deberían de tener mas conocimiento acerca de esto para poder ayudar al paciente a tener un diagnostico mas a tiempo antes de que cause tanto daño. He leído testimonios de personas que han durado mas de 10 años enfermas sin saber lo que pasa en su cuerpo. Como es posible que una garrapata tan pequeña como lo es la garrapata del venado pueda ser portadora de una bacteria tan peligrosa.

Para los doctores esto es poco común y confunden los síntomas con otras enfermedades, para cuando la persona es diagnosticada, esta bacteria ya invadió el cuerpo y puede causar daño a todo el cuerpo, todos los sistemas del cuerpo se pueden ver afectados. Este problema es tan complejo y presenta tantos síntomas que uno si se asusta y se llena de dudas, yo a veces tenia muchas dudas y pensaba que quizá podría ser algo mas, creo que es normal tener dudas y temores. Dios es el que me sostiene cada día y trae paz a mi mente, la oración me fortalece y echa fuera de mi todo temor y confusión.

Ahora que tengo mas conocimiento de esto, se que la bacteria puede vivir en el cuerpo humano por muchos años sin causar problemas, quizá este fue mi caso, pude haberla tenido desde anos atrás inclusive desde la infancia, cuando estaba joven y fuerte, estaba bien, pero hubo un momento donde mi cuerpo se debilito y se estreso, quizá por la cirugía que creo que fue cuando se activo. Esta explicación me la dieron dos doctores. Dicen que cuando el cuerpo pasa por un periodo de estrés, Lyme se puede activar, aun cuando ya ha sido tratada y controlada, se puede volver a activar por estrés o por otros factores como el estilo de vida. Así que la persona que ha pasado por esto que debe tener mucho cuidado con su estilo de vida por el resto de su vida. El síndrome de Lyme te cambia la vida.

7

Entendiendome El Sindrome De Lyme

El síndrome de Lyme es una infección causada por la picadura de una garrapata. Se le conoce con este nombre debido a que en Noviembre de 1975 en Lyme Connecticut 51 personas se enfermaron misteriosamente, los doctores no pudieron encontrar lo que era y le pusieron el nombre de Lyme y ahí "nació" una nueva enfermedad, la mayoría de los pacientes eran niños y presentaban síntomas de artritis, ya existía desde muchos años atrás pero no sabían que era, existe desde que muchos años atrás, desde que existen las bacterias y las garrapatas ha existido Lyme y sus muchas co-infecciones. [1]

En el año 1982 el Dr. Will Burgdorfer empezó a hacer investigaciones y descubrió que esta infección era causada por espiroquetas que entraban en la persona por medio de el piquete de una garrapata o de ciertos mosquitos y en honor a este doctor a esta bacteria le pusieron por nombre Borrelia Burgdorferi. De acuerdo con el libro Alternative Medicine Second Edition by Deepak Chopra, M.D. "Lyme es un síndrome inflamatorio sistemático, primero afecta la piel dejando una marca como de "bull's-eye". Según las estadísticas, solo "30% a 40% de los pacientes muestran esta irritación en la piel". Muchos doctores están de acuerdo que este síndrome no

---

[1] (William Rawls, Unlocking Lyme, 2017)

es una simple infección, sino una enfermedad compleja que casi siempre esta acompañada de otras infecciones". [2] La mayoría de la gente no recuerda haber visto la garrapata porque esta infección es transmitida por garrapatas ninfales que son del tamaño de la punta de un alfiler; por lo tanto, es muy común que la gente ni se de cuenta de que ha sido infectada y la mayoría de las personas no presentan síntomas inmediatamente. Si el sistema inmune esta fuerte, estos microbios pueden vivir indefinidamente en el cuerpo de una persona y no presentar síntomas. Cuando algo pasa en la vida de una persona que baje sus defensas o cuando la persona esta bajo estrés prolongado entonces se pueden empezar a presentar síntomas y pueden ser muy debilitantes inclusive graves. Hay personas que pueden presentar muchos síntomas capaces de limitarla y hay otros que no tanto, todo depende que tan saludable este la persona.

El síndrome de Lyme es una condición bastante complicada y compleja donde la persona se ve bastante bien físicamente, pero se siente muy frustrada y terriblemente mal por dentro.

Los síntomas de síndrome de Lyme son causados por la bacteria manipulando el sistema inmunológico a generar inflamación. La inflamación destruye el tejido y permite que las bacterias vivan dentro de las células y que tengan acceso a nutrientes vitales, esto causa todos estos síntomas como: (fatiga, niebla del cerebro, dolor, etc.)

Borrelia crece muy lentamente, existe en bajas concentraciones en el cuerpo por eso a veces no es detectada en la sangre y el examen puede dar un diagnostico negativo. Es capaz de perforar profundamente el cartílago y el tejido del cerebro y puede vivir dentro de las células.

Cuando yo empecé a tener problemas o presentar síntomas era algo leve que se podía tolerar. Presentaba dolor, ardor, y entumecimiento en las piernas de las ingles para abajo, al principio no le di mucha importancia ni pensé que podía ser algo serio. Poco a poco fue aumentando el dolor y a presentar mas síntomas hasta que se hizo intolerable.

Se le conoce como "la gran impostora" porque puede imitar a

---

[2] (Deepak Chopra, M.D., 2002)

muchos otros problemas de salud incluyendo: síndrome de fatiga crónica, fibromialgia, esclerosis múltiple entre otras. Muchos pacientes con Lyme han tenido un diagnostico equivocado o no han tenido un diagnostico por muchos años por la variedad de síntomas que presenta y estos síntomas pueden imitar otras enfermedades.

Etapas de Lyme:

El síndrome de Lyme se divide en tres etapas: La etapa precoz, la etapa de diseminación temprana, y la etapa de la diseminación tardía. En la etapa precoz la mayoría de las personas no presentan la irritación en la piel y tampoco presentan tanta variedad de síntomas, en la etapa tardía o crónica es donde la persona presenta la mayoría de los síntomas y no recuerdan haber tenidos síntomas de la etapa aguda. Muchas personas presentan síntomas de la etapa crónica después de haber sido tratados con antibióticos.

Yo me identifico con la etapa crónica, no tuve los síntomas mas comunes de la etapa aguda y si presenté muchos mas síntomas después de haberme tratado con antibióticos.

De acuerdo con el libro Alternativa Medicine Second Edition by Deepak Chopra, M.D.: "El síndrome de Lyme puede ser un factor que contribuye a otras enfermedades degenerativas como Alzheimer, fibromialgia, también juega un papel importante en problemas neurológicos como desordenes bipolares y depresión maniaca, así como también enfermedades del corazón."

Como esta enfermedad imita a otras, es muy peligroso y difícil para el paciente que le estén tratando otras cosas que no tiene y estar retardando el tratamiento y retardar el tratamiento puede traer muchas complicaciones para el paciente. Borrelia es extremadamente difícil de diagnosticar, el examen que la mayoría de los doctores que practican medicina convencional se llama "ELISA" este examen es una prueba de anticuerpos del huésped producidos contra la Borrelia, este es el mas recomendado para el síndrome de Lyme. No es muy confiable, se deben de buscar un laboratorio que sea mas especifico para este problema. Borrelia casi siempre viene acompañada de otros microbios que causan co-infeciones y el medico convencional solo examina por Borrelia. La persona debe de guiarse mas por los síntomas que por el resultado de un análisis. Si le han hecho varios estudios generales y todo sale normal, pero usted se siente fatal que no entiende lo que esta pasando, considere el síndrome de Lyme, como digo existen laboratorios especializados en esto solo hay que buscarlos. Los laboratorios mas confiables se llaman IGenex.

Síntomas

Este síndrome causa una serie de síntomas que afectan desde la cabeza hasta los pies, en la etapa crónica es donde se ven mas síntomas y entre mas tiempo se deje sin tratar mas síntomas se van presentando.

Síntomas mas comunes de la etapa aguda:

Fiebre
Escalofrió
Fatiga
Dolores musculares
Cuello endurecido
Irritación en la piel en el sitio del piquete

Síntomas de la etapa crónica:

Entre mas tiempo dure la persona en esta etapa mas síntomas va a ir presentando y va a tardar mas tiempo en recuperarse, El síndrome crónico de Lyme puede hacer miserable la vida de alguien y puede causar que la persona se envejezca mas rápidamente, ya que ataca el colageno. Puede causar muchos síntomas y puede ser diferente de persona a persona, los síntomas mas comunes son:

Fatiga crónica
Dolor de las articulaciones
Dolor muscular
Dolor crónico en la espalda, especialmente la parte baja
Dolor de cabeza
Cuello endurecido
Parálisis facial
Intolerancia al ruido
Dificultad para dormir
Visión borrosa
Dolor de los ojos
Dificultad para concentrarse
Perdida de la memoria

Datos esenciales sobre Borrelia:

Borrelia es transmitida primordialmente por garrapatas, pero también puede ser transmitida por medio de otros insectos como mosquitos o moscas.

Borrelia también le da a los animales mamíferos, reptiles y aves.

Esta mundialmente

Según los reportes aproximadamente 350,000 personas son infectadas cada año, aunque no se sabe exactamente. Como es muy difícil de diagnosticar, existen muchas personas que pueden estar contagiadas y no lo saben.

Borrelia nunca viaja sola, siempre lleva a otros microbios con ella, existen cientos de microbios unos de los mas conocidos son los siguientes: babesia, bartonella, micoplasma, entre otros

Esta bacteria ha estado infectando humanos por mucho, mucho tiempo De acuerdo con el libro del Dr. Rawls: "En 1993 se encontraron los restos de un cuerpo humano en los glaciares en los

Alpes Italianos, el cuerpo estaba muy conservado y de acuerdo con los estudios tenia 5,300 años, le hicieron una autopsia y en 2011 se revelo una sorpresa: La presencia de la bacteria de Borrelia Burgdorferi. Según el estudio realizado esta persona murió a los 45 años y había presentado síntomas de artritis y de enfermedades degenerativas".

Esta bacteria como todos los microbios necesitan un anfitrión para poder cumplir su propósito, cuanto mas movible sea el hospedador, mejor para los microbios.

Daño causado por Borrelia

Esta bacteria daña todo el cuerpo, cada sistema del cuerpo es afectado. Lo primero que ataca es el sistema nervioso, destruye la mielina de los nervios. Los nervios son como los cables eléctricos, tienen una capa protectora alrededor de ellos. Borrelia puede dañar esta capa protectora de los nervios, esta vaina esta compuesta de proteína y sustancias de grasa. La vaina de mielina protege que los nervios rocen uno con otro y permite que los impulsos eléctricos se trasmitan de manera rápida y eficiente a lo largo de las neuronas. Al ser esta afectada el primer síntoma mas común que se presenta es dolor de nervio que casi siempre empieza en la parte baja de la espalda y corre e irradia hacia debajo de las piernas, el dolor viene acompañado con ardor, entumecimiento y hormigueo, lo que se conoce como neuropatía periférica.

Se pueden presentar otros síntomas neurológicos como parálisis facial (Bell's palsy) se caracteriza por parálisis de un lado de la cara. De acuerdo con las estadísticas cada persona que esta afectada con esta bacteria va a experimentar algún tipo de síntoma neurológico. Otro de los síntomas neurológicos muy común es el cerebro aturdido o presión en el cerebro, se causa una inflamación en el cerebro y esta inflamación ocasiona estos síntomas, se siente uno tan aturdido que no puede pensar claramente. Se puede perder la función sensorial y motora de los nervios debido a ala desmielinización de la fibra de los nervios.

Los primeros síntomas que yo tuve fueron neurológicos, empecé teniendo entre dolor y ardor en el área de las ingles y hacia abajo de las piernas acompañada de hormigueo y entumecimiento, esto lo tuve por mas de dos años antes de que me dieran un diagnostico y eran los únicos síntomas que presentaba. Estos pueden ser los primeros síntomas que se presentan y los últimos que se van ya que los nervios tardan mucho tiempo en reconstruirse.

Puede afectar el corazón

Borrelia afecta los músculos y el corazón es un musculo, se cree que, de cada 10 personas afectadas con Lyme, una de ellas va a tener algún tipo de problemas con el corazón, estos síntomas pueden ser leves o severos. Estos microbios como Borrelia y Bartonella entran al cuerpo y se desparraman a través de los tejidos, su única meta es sobrevivir. Viajan a través del cuerpo y se alojan donde puede encontrar mas alimento para sobrevivir, su meta no es matar al hospedador, solo quieren sobrevivir. Y como mencione se pueden alojar en cualquier parte del cuerpo incluyendo el cerebro y el corazón.

Cuando llegan al corazón pueden causar latidos irregulares o arritmia cardiaca por medio de interrumpir los impulsos regulares del corazón y el pompeo de sangre ya no va a ser tan eficiente. Estos patógenos también pueden irritar el musculo del corazón y al pasar esto no va a tener la oxigenación adecuada y esto puede causar dolor de pecho, falta de aire e inclusive un ataque al corazón.

Según el Dr. Rawls: "Los síntomas de alarma para buscar asistencia medica inmediata son: latidos irregulares que no se van, dolor de pecho persistente y dificultad para respirar".

También se pueden presentar otros síntomas que no son tan obvios y que se pueden confundir con otros problemas. De acuerdo con Dr. Rawls estos síntomas incluyen:

- Mareo
- Aturdimiento
- Falta de aire
- Desmayo

- Presión en el pecho
- Palpitaciones
- Nausea
- Fatiga

Si esta presentando alguno de estos síntomas es muy importante acudir al medico para tener una evaluación y prevenir complicaciones mayores.

Yo presente algunos de estos síntomas como palpitaciones y dolor en el pecho y a veces sentía como que el corazón se salteaba un latidor. Me alarme un poco por lo que tuve que ir con un cardiólogo para una evaluación. Han existido casos de personas que han muerto por un ataque al corazón y estudios han demostrado que se encontró la bacteria de Borrelia en el corazón.

El Dr. Neil Spector tiene un gran testimonio, el estuvo a punto de morir por el daño causado por esta bacteria a su corazón. Estuvo tan mal que su doctor le dijo que le quedaban 72 horas de vida, en ese lapso surgió un donante y le trasplantaron un corazón. El es oncólogo pero también ahora trata de ayudar a las personas con el síndrome de Lyme. Escribió un libro que se llama "Gone with a heart beat" para si quieren leer todo su testimonio. Es impresionante las cosas que Dios puede hacer y como el dice en su libro: "La salud y la vida son frágiles y se pueden ir en un instante". Dr. Neil era una persona muy saludable, dice que corría hasta 10 millas diarias y de repente le llego la adversidad, así que le puede pasar a cualquier persona.

Yo tuve algunos de estos síntomas como palpitaciones, dolor en el pecho y latidos irregulares del corazón, tuve que ir al cardiólogo para una evaluación

Daño Emocional

No saber lo que esta pasando en tu cuerpo puede ser devastador, sentirse todos los días mal y que todo salga normal es muy frustrante. Uno sabe que algo esta mal pero al no encontrar ayuda, esto es muy estresante para todo el cuerpo y retrasa mucho el proceso de sanidad. Siempre queremos saber que esta pasando para poder encontrar la ayuda adecuada. El no saber puede causar ansiedad y depresión. El no poder tener un día normal, deprime a cualquiera. El sentirse limitada puede llevar a una depresión profunda y perder el gozo de vivir.

En estos casos necesitamos mucho la comunión intima con Dios para poder mantenerse luchando, la persona que no busca el respaldo de Dios le va a ser muy difícil que pueda salir de una situación tan difícil.

Para los que contamos con Dios, él es nuestra fortaleza diaria, el puede llevar las cargas por nosotros si aprendemos a dárselas. En mis días mas difíciles siempre pude sentir su fortaleza, él nos hace sentir que en él podemos ser mas fuertes de lo que pensamos.

Pase muchos días muy difíciles: Días de dolor, de soledad y de angustia, en esos días tan obscuros, cuando sentía que ya no podía mas y nomas quería darme por vencida, sentía que Dios estaba conmigo y me daba la mano para poder seguir caminando, de otra manera no la había podido hacer. También es muy importante el apoyo de la familia de las amistades. Las oraciones de mi familia y de la iglesia tocaron el corazón de Dios y el me dio la fortaleza para continuar luchando.

Debemos de tratar a toda costa de sanar emocionalmente, si es necesario buscar ayuda, la mayoría de los doctores que tratan pacientes con Lyme recomiendan la ayuda de un psicólogo para ayudar con lo emocional y así sea mas rápida la recuperación.

Afecta el colágeno

El colágeno es la proteína mas abundante en nuestro cuerpo. Es lo que sostiene los huesos, proveyendo apoyo para sostener todo el esqueleto. El cartílago en las coyunturas está hecho de colágeno; el cerebro se mantiene unido por el colágeno, también es el mayor componente en el tejido de los ojos.

Los microbios están tras del colágeno, es su alimento preferido es por eso por lo que se pueden alojar en el cerebro y en as coyunturas que es donde encuentras la mayor fuente de colágeno. De acuerdo con estudios científicos: "Estos microbios tienen la habilidad de degradar el colágeno produciendo enzimas para romper la proteína".

Borrelia es posiblemente el microbio mas conocido que tiene la habilidad de romper el colágeno. La persona que tiene Lyme va a tener problemas en las coyunturas, ligamentos, piel, ojos, el tejido del cerebro y el corazón. Se pueden desarrollar síntomas de artritis y los huesos se ven como mas salidos, se notan mas y pueden dolor.

Es importante tomar un suplemento de colágeno para ir poco a poco restaurando el daño causado. También se puede tener una dieta con alimentos ricos en colágeno como lo son: vegetales de hoja verde, pepinos, kale, sardinas, huevos y apio.

Algo muy bueno y con un alto contenido de colágeno es el caldo de hueso, que no es lo mismo que caldo de res, busque la receta. Además de colágeno, el caldo de hueso contiene aminoácidos y ayuda a sanar los intestinos.

Puede causar problemas de visión Ya dijimos que a Borrelia le gusta el colágeno, los ojos es un buen lugar donde las bacterias buscan nutrientes y recursos para seguir viviendo. Otras bacterias como Bartonella y Mycoplasma también se pueden alojar en los ojos y pueden causar irritación en los ojos y visión borrosa.

Como puede ver Lyme puede afectar todos los órganos del cuerpo y si no es tratada o si el tratamiento falla, Lyme puede causar danos irreversibles, especialmente danos neurológicos.

CAPITULO

8

Porque Es Tan Dificil Tratar Lyme

Como mencione en otros capítulos anteriores, Lyme es impostora, engañosa y fea. Luchar con esta enfermedad es estar en una guerra constante. A veces te da tregua, hay días que uno se siente bien y empiezas a celebrar y a decir que ya vas a estar bien cuando de repente viene el ataque otra vez. Es muy frustrante durar tanto tiempo entre altas y bajas y pensar; ¿Cuándo va a pasar esto? Hasta cuando? Voy a estar así toda mi vida? ¿Cuándo va a terminar esta pesadilla? Eventualmente se va, se tiene que ir, nunca debemos darnos por vencidos. Borrelia se mete profundamente en los tejidos y tiene la habilidad de vivir adentro de las células (intracelular) y encuentra maneras de engañar al sistema inmunológico. La mayoría de las veces el examen da negativo ya que se mete en los tejidos y esta en baja concentración en la sangre, al estar en los tejidos, la mayoría de las veces el antibiótico no puede llegar.

Es difícil de tratar porque no existe un tratamiento especifico y porque la mayoría de los médicos no la tratan de manera correcta, solo dan antibióticos y mas antibióticos. Hay personas que duran años tomando antibióticos lo cual es contraproducente porque el uso continuo de antibióticos suprime mas y mas el sistema inmunológico. Los antibióticos tienen su lugar, un curso o dos de antibióticos esta bien pero no por tanto tiempo. Después del antibiótico o mientras se están tomando hay que luchar bastante para levantar las defensas del cuerpo y para repoblar la bacteria amigable que el antibiótico destruye. Se puede tomar un suplemento de probióticos al mismo tiempo que el antibiótico, también podemos tomar suplementos que aumenten nuestras defensas, un suplemento muy bueno es el calostro y la vitamina C. La dieta juega un papel muy importante, debemos tener una dieta muy limpia, una dieta antiinflamatoria es muy recomendable.

La mayoría de las personas que tienen Lyme duran muchos años enfermas porque es difícil encontrar al medico correcto, al doctor que sepa tratar con esto y que pueda ayudarnos, la mayoría de los doctores fallan porque Lyme puede causar muchas complicaciones. Puede comprometer cada sistema del cuerpo y uno se puede encontrar en un punto en que ya no sabes ni que tratar. Yo me encontré ahí, confundida, aun después del tratamiento, no sabia si ya se elimino completamente o que debo de hacer enseguida. El tratarlo de manera incorrecta nos puede llevar a mucho sufrimiento y frustración. Cuando Lyme se detectada en su etapa aguda, donde si puede ser tratada con antibióticos no es tan difícil tratarlo; de otra manera, es decir cuando es crónica la persona puede durar muchos años enferma antes de que pueda ser tratada. Y cuando la persona se da cuenta y empieza a tratarse muchas veces el tratamiento puede fallar. La mayoría de los doctores la tratan con antibióticos, pero el problema es que cuando la infección se hace crónica, la bacteria se mete en los tejidos y en antibiótico no la alcanza. El doctor con el antibiótico solo esta tratando un síntoma y se olvida de algo muy valioso; restaurar el sistema inmunológico, esto es la clave para atacar estos microbios como borrelia, bartonella, babesia, etc. Existen cientos de microbios, pero si restauramos la función del sistema inmunológico, este mismo va a poder mantener los microbios bajo control. Quizá no sean erradicados completamente pero si van a poder estar bajo control y la persona va a poder vivir una vida normal. Entonces a parte del antibiótico debemos considerar suplementos, especialmente hierbas que tengan propiedades antimicrobios y claro un estilo de vida lo mas saludable posible. Borrelia nunca esta sola, como mencione tenemos cientos de microbios y bacterias en el cuerpo incluyendo el cerebro. Las bacterias mas comunes que acompañan a Bórrelia son babeáis, bertonella, y mycoplasma. Al tratarla con antibióticos, se están tratando de matar cualquier tipo de bacteria pero algunas de estas son resistentes al antibiótico. Los doctores solo se enfocan en Borrelia y se olvidan de las demás. Bartonella y mycoplasma pueden ser resistentes al antibiótico usado para tratar Borrelia. Existen antibióticos específicos para tratar Bartonella. Cuando a mi me trataron, primero me trataron con antibiótico llamado Rocephin, este antibiótico es especifico para tratar Lyme, después apareció Bartonella y me tuvieron que dar dos rondas de antibióticos para Bartonella. El tratamiento es difícil, los doctores de acuerdo con los síntomas y a los resultados del laboratorio dan el tratamiento, pero mas bien de acuerdo con los síntomas, ya que es muy posible que en la prueba del laboratorio no aparezca. El doctor que sabe de esto tiene que tratar diferentes cosas hasta descubrir que tipo de bacterias son, es como andar cazando las bacterias hasta ver que tipo se encuentran y si poder tratarlas.

Existen otros factores que impiden que el antibiótico o aun las hierbas lleguen hasta donde están los microbios o bacterias, tales como:

Biofilm

Algo bien importante que la mayoría de los doctores no toman en cuenta es el "biofilm".

El "biofilm" "es un grupo de microorganismos que pueden crecer en diferentes superficies. Es como un escudo protector fabricado por organismos invasores, este escudo protege a los microbios y pueden escapar del ataque de nuestros anticuerpos y células asesinas naturales. "biofilm" son colonias de microbios que pueden contener bacterias, también pueden contener protozoa y hongo. El biofilm se forma donde quiera que exista humedad, en otras palabras, en todas partes, incluyendo muchas partes de nuestro cuerpo. Cuando en la superficie donde se pega y si se hace masivo puede causar obstrucción. La taza de su inodoro y la placa dental son buenos ejemplos donde se forma el biofilm. Cuando se adhieren a una superficie las bacterias se pegan juntas y empiezan a producir una matriz, una vez que se establece esta matriz, otra clase de microbios se unen a esta matriz

Biofilm causa daño cuando consiste en una matriz extracelular descrita como un súper pegamento. Las bacterias como Borrelia, [3]Bartonella y otros microbios se envuelven en este "biofilm", es decir se esconden y es por eso por lo que el antibiótico no puede penetrar, por esa protección que han creado, ni tampoco nuestros propios anticuerpos.

Tratando con el Biofilm

La mejor forma de tratar con el biofilm es teniendo un sistema inmunológico fuerte, las mismas defensas del cuerpo están constantemente quebrando el biofilm en el cuerpo. Todos tenemos colonias de bacterias y al tratar con Lyme o cualquier otra infección se debe tener en cuenta que hay que tratar con el biofilm primero. Si el sistema inmunológico esta comprometido va a ser necesario usar aminoácidos para que lo vallan quebrando, en forma intravenosa es mejor para mejor absorción. También hierbas con propiedades anti-microbio y que ayuden a levantar las defensas del cuerpo van a ser buenas para controlar el biofilm. Entonces para tener éxito al tratar de eliminar Lyme y otras infecciones se debe de tener muy en cuenta esta protección especial que se forma alrededor de los microbios y los esconde.

Algunos productos que nos pueden ayudar a quebrar este escudo protector pueden ser:

Monolauriun, este suplemento es derivado del coco y se cree que puede quebrar el biofilm y como es soluble en grasa, se cree que puede penetrar en el tejido del cerebro.

---

[3] (Rawls)

N-acetyl cysteine (NAC) se sabe que puede quebrar la mucosa y puede ayudar a disolver el biofilm.

Algunos aceites esenciales pueden ser muy beneficiosos quebrando el biofilm en las cavidades nasales. Eucalipto y tomillo pueden ser unas buenas opciones, aplicados como aromaterapia. Y como lo mencione anteriormente, busque hierbas con propiedades antibacterianas.

Toxicidad Industrial

Al tratar con Lyme se enfrenta uno con muchas otras cosas, otra de ellas es toxicidad industrial. América ha manufacturado mas de 84,000 químicos tóxicos y esos químicos nos están matando. El agua de los ríos puede estar contaminada, el área donde yo vivo, el aire y el agua estan muy contaminados, ya que es área petrolera. La toxicidad industrial puede causar algo que se conoce como neurotoxicidad. Estas toxinas viajan a través del cuerpo y se mueven a través de la sangre hasta que se acumulan en los tejidos y en el sistema nervioso. Aparte de la toxicidad industrial, neurotoxicidad también se puede derivar del moho. El órgano que se ve mas afectado es el cerebro; estas toxinas causan inflamación y oxidación a la vaina de mielina, que es la protección de los nervios.

Moho

Moho no es una infección, pero es algo muy importante que se debe de considerar al estar tratando con Lyme y con otras enfermedades crónicas. El Moho es algo muy común, esta en todas partes y no es algo nuevo, a existido siempre. En el libro de Levíticos el capitulo 14 del versículo 34 al versículo 45. Dios le explica a Moisés y a Aarón como tratar con el moho. El les ordena primero limpiar la casa, pero si el moho no puede ser removido, le dice que tiren la casa. El moho causa muchos síntomas neurológicos, algunos de ellos muy parecidos a los del Lyme como adormecimiento y hormigueo en las extremidades. Se cree que: " mas del 50% de las casas aquí en Estados Unidos y como el 80% de los edificios comerciales tienen moho". Hay personas mas susceptibles que otras. Alguien que tiene Lyme va a ser muy susceptible al moho y a diferentes clases de toxinas y esto es porque el Lyme compromete al sistema inmunológico, al pasar esto, el cuerpo se va a encontrar en una situación muy difícil donde no va a ser capaz de estarse desintoxicando así mismo diariamente. Al verse afectado el sistema inmunológico se va a crear una respuesta inflamatoria, esto crea algo que se conoce como mico toxinas las cuales son toxinas producidas por hongo que crece en la comida, cualquier vegetal o fruta puede producir hongo o moho. En los cacahuates, los hongos y los productos lácteos son muy fácil o común que se cree moho; entonces no debemos de guardar los alimentos por mucho tiempo. Si se esta tratando de combatir Lyme también tiene que tratar con moho. El moho es muy peligroso, si se deja sin tratar puede causar mucho daño; tanto como perdida de la memoria, depresión, ansiedad, dolores de cabeza, fatiga crónica, entre otras,

Al estar en la clínica en Florida conocí varias personas que su mayor problema era el moho. Una señora que empezó el tratamiento al mismo tiempo que yo, su principal problema era moho. A ella le afecto tanto su mente que no podía hacer nada por si misma, su esposo hacia todo por ella. No podía manejar, no podía tomar decisiones. Afecto tanto su estomago que dejo de comer completamente por meses. Conocí a otro señor joven que perdió su memoria a causa del moho. Como puede ver el moho es una cosa muy seria. Si alguien tiene Lyme y ha tratado de todo y no mejora, debe de considerar el moho, haciéndose una prueba para ver si lo tiene. Si tiene moho en su cuerpo, no va a mejorar hasta que lo trate.[4]

Yo trate por casi un año con productos naturales para combatir el Lyme y no mejore, cuando estuve en la clínica en Florida descubrí que también tenia moho y aprendí acerca de lo importancia de este, así como también de lo importante que es quebrar el biofilm, en esta clínica tratan todo al mismo tiempo. A la misma vez que están desintoxicando, también están matando las bacterias y tratando de

---

[4] (Sponaugle Wellness Institute, n.d.)

eliminar el moho, esto es algo muy común. En la clínica todos los pacientes que conocí tenían moho, así que creo que todos tenemos en algún grado.

Existen tres condiciones necesarias para que el moho crezca: una temperatura ideal, fuentes de comida y humedad. En la mayoría de los hogares tenemos una temperatura ideal para que el moho crezca, materiales de construcción ricos en celulosa, como paneles de yeso, paneles de madera y paneles en los techos, todo esto provee al moho recursos para poder crecer. Donde quiera que hay humedad, se va a formar moho. Al tratar con enfermedades crónicas, una buena opción seria inspeccionar la casa por moho. Existen pruebas que uno mismo puede hacer, así como también se puede contratar a un profesional para que inspeccione la casa. Esto seria una muy buena inversión para la salud ya que el moho causa muchos problemas. No a todas las personas les va a afectar de la misma manera. Una persona saludable puede vivir con moho en su cuerpo por años y no presentar síntomas, pero una persona con otro problema de salud como Lyme, el moho si va a ser un gran problema, así que se debe de tratar.

Como mencione en la clínica me trataron por moho, pero no se me fue por completo. En casa yo hice varios tipos de desintoxicación para seguir tratando esto. Existen suplementos muy buenos que pueden ayudarnos como el Bentonite Clay, la Clórela y el carbón activado, estos suplementos atrapan el moho y otros tóxicos como metales pesados y los sacan del cuerpo.

El uso continuo de antibióticos

El abuso de antibióticos interrumpe la función del sistema inmunológico y esto hace imposible que el mismo cuerpo sea capaz de mantener los microbios bajo control. Personas que duran años tomando antibióticos, uno tras otro, van a caer en un ciclo muy difícil de salir. Toman antibiótico, se sienten mejor por un tiempo y luego vuelven a recaer, luego vuelven al antibiótico para poder estar mejor, aunque sea por un tiempo y así pueden estar en esta situación por muchos años. El uso continuo de antibióticos daña la bacteria amigable, al pasar esto vamos a tener muchos problemas entre ellos: mala absorción, mala digestión, defensas bajas ya que el 70% del sistema inmunológico se encuentra en los intestinos. Al no tener buena absorción vamos a estar deficientes de todos los nutrientes esenciales que el cuerpo necesita para poder pelear y al estar de esta manera va a ser casi imposible poder recuperarse.

Desintoxicación continua

Para limpiar el cuerpo y ayudarnos a mejorar mas rápidamente, tenemos que entender la importancia de la desintoxicación, la desintoxicación debe ser algo continuo, ya que continuamente nos estamos intoxicando. El en mundo en que vivimos es imposible no intoxicarse.

Nos intoxicamos de tres maneras:

Lo que comemos, lo que inhalamos, y lo que absorbemos a través de nuestra piel. Si el numero de toxinas que ingerimos es mayor que la capacidad que tiene nuestro cuerpo de removerlas, entonces estas toxinas se van a ir acumulando en los tejidos.

La mejor manera de eliminar esas mico toxinas es tratar de reducir la cantidad de toxinas que ingerimos lo mas posible, y esto no es nomas por una semana o un tiempo, esto es continuamente y lo podemos hacer de la siguiente manera:

Teniendo una dieta lo mas natural posible, comer orgánico si se esta al alcance. Comer comida verdadera, no procesada. Necesitamos volver a la dieta de nuestro creador, a lo que comían nuestros antepasados, aunque eso es casi imposible en el mundo actual. Para recuperarse de cualquier enfermedad crónica, lo que ponemos en nuestro cuerpo va a determinar el tiempo de recuperación.

Para limpiar el aire en nuestra casa podemos poner un filtro para purificarlo y también debemos usar productos de limpieza libres de químicos e irritantes. Con los productos de limpieza convencionales que usamos dentro del hogar, el ambiente puede estar mas contaminado que fuera del hogar. Así que escoja productos de limpieza que los ingredientes sean derivados de plantas.

También a través de la piel podemos absorber toxinas; por lo tanto, debemos escoger productos que vengan de fuentes naturales. Tenemos muchas opciones hoy en día.

Hay muchos suplementos naturales que pueden ayudarnos en el proceso de desintoxicación.

Chlorella es un alga marina muy buena que nos va a ayudar en la desintoxicación y también es muy buena para sanar los intestinos. Chlorella atrapa toxinas, moho y metales pesados y la saca del cuerpo

Glutatione es un poderoso antioxidante muy importante para el mantenimiento de una función celular optima. Este neutraliza diferentes clases de radicales libres que se producen dentro de las células. Glutatione fortalece los mecanismos de desintoxicación y la función inmunológica.

Sauna, sabemos que a través del sudor despedimos toxinas. El uso regular de la sauna con rayos infra rojos nos va a ayudar bastante a desintoxicarnos mas rápidamente. La sauna es lo mas efectivo para eliminar metales pesados y moho.

Entendiendo Bartonella

Como mencione anteriormente, Bartonella es una co-infeccion muy común de Lyme, la mayoría de las personas con Lyme también tienen Bartonella y se cree que es mas difícil de tratar que Lyme.

Existen varios tipos de Bartonella, la mas comun es conocida como Bartonella henselae, tambien se le llama (cat scratch fever) fiebre por el rasgullo de gato, se le conoce con este nombre porque uno de los principals sintomas es que se forman en la piel los rasgullos de gato (stretch marks) se ven muy rojos y pueden salir en diferentes partes del cuerpo. Bartonella puede causar muchos sintomas, entre los mas comunes Podemos mencionar:

Fiebre, dolor de cabeza, garganta irritada, nodulos limfaticos inflamados e irritacion en los ojos.

El mayor portador de esta bacteria son los gatos, estos pudieron ser picados por algún insecto o garrapata portadora de la bacteria. Tambien puede ser contraida por la picadura de alguna mosca o mosquito.

Bartonella es intracellular, esto quiere decir que al entrar en el cuerpo Bartonella infecta las celulas blancas, este microbio penetra las celulas y crea como un quiste alrededor de esta como una forma de protección. Esta le quita la abilidad a las celulas de combatir microbios, es decir suprimen la abilidad del Sistema inmunologico de combatir bacterias. Una vez que se establece dentro de las celulas, empiezan a escabar las celulas. Las cclulas rojas son la fuente de nutrients; como resultado se puede presentar anemia cuando esta bacteria roba los nutrients de las celulas rojas.

Bartonella obtiene protección del Sistema inmunologico al invadir las paredes de los vasos sanguineos, al invadir los vasos sanguineos esto va a comprometer la circulación y al tener mala circulación, lo cual ocaciona mas dolor. Bartonella tambien puede afectar otros organos, estos organos pueden ser el higado, el vaso, medula osea, los ojos, la piel y todo el systema vascular incluyendo el Corazón. Puede causar dolor en el pecho, falta de aire, palpitaciones y en algunos casos puede dañar la valvula del Corazon. Tambien puede causar sintomas respiratorios como una tos inexplicable.

Sintomas communes de Bartonella cuando hay una infeccion cronica:

- Irritacion en la piel en el sitio donde se inicio la infeccion
- Fiebre baja
- Mareo
- Ganlios linfaticos inflamados
- Dolor en las articulaciones
- Escalorfrios
- Ataques de panico
- Problemas de la memoria

- Irritabilidad
- Espasmos musculares o debilidad en los musculos
- Enfermedad de los riñones
- Fatiga severa
- Enfermedad de la vejiga
- Adormecimiento y falta de sensibilidad
- Infecciones en los ojos
- Ansiedad
- Insomnia
- Poca Resistencia al estress
- Bultos en la piel
- Temblores
- Obesidad e inflamacion en el cuerpo

Los sintomas pueden ser muy variables y generalmente no son muy debilitantes, se considera un microbio de baja virulencia. Por esta razon es dificil diagnosticarlo, generalmente no aparece en la sangre. Los doctors especialistas en Lyme y co-infecciones se dejan llevar mas por los sintomas que por los resultados del laboratorio.[5]

En muchos casos puede ser mas Bartonella que Lyme o tambien puede ser que Lyme este bajo remision pero Bartonella continue activa como en mi caso. Me hice varias pruebas de laboratorio y Lyme no me salia activa, pero una vez que se quebro el "biofilm" fue que Bartonella aparecio en los resultados de la sangre. Entonces era mas Bartonella que Lyme. Yo descubri sola que podia ser mas Bartonella que Lyme antes de que tuviera las pruebas del laboratorio. Lei un articulo sobre Bartonella y me identifique con muchos de los sintomas que ahi describia, fui con la enfermera y le dije y entonces empezaron a darme un antibiotic que es especificamente para Bartonella. Primero me dieron Doxicilin que es para Lyme y la mayoria de las infecciones, pero no le hizo nada a Bartonella, entonces tuve dos rounds de una antibiotic llamado vancomycin, es un antibiotic muy fuerte que se usa para matar bacterias. Estos fueron los dias mas dificiles del tratamiento, ya que los efectos

---

[5] (B. Robert Mozayeni, 2015)

secundarios son fuertes. Lo hice porque el doctor dijo que Bartonella es muy dificil de tartar. Vancomycin puede causar agotamiento, dolor muscular, dolor abdominal, Tambien puede estresar los riñones asi que es muy importante que mientras se esta con este tratamiento, se este monitoriando el funcionamiento de los riñones. Sabemos que todo antibiotico afecta de alguna manera la flora intestinal, asi que tuve que tomar un buen suplemento de probioticos.

Bartonella es una bacteria muy resistente, la mayoria de los antibioticos fallan y de acuerdo a los medicos nunca se va por complete del cuerpo, tampoco podemos tomas antibiotico por tanto tiempo, asi que la mejor opcion es seguir con tratamiento natural, con hierbas antimicrobianas por un buen tiempo y recordando siempre que es fundamental mantener un sistema inmunologico fuerte. No podemos descuidarnos porque entonces las bacterias tomaran bentaja y volveran activarse. Nos podemos ayudar con suplementos como el ajo, se cree que la alicina que contiene el ajo puede matar Bartonella o or lo menos suprimirla, tambien el extracto de la hoja de olivo (olive leaf extract), la uña de gato, entre otras. Cualquier hierba o suplemento que nos ayuden a modular el Sistema inmunologico nos va a poder ayudar. Recuerde siempre que la clave aqui es restaurar la funcion del Sistema inmunologico.

El Tratamiento para Lyme

Como mencione anteriormente Lyme es una bacteria que causa una infeccion; por lo tanto la medicina convencional lo trata con antibióticos que en la mayoría de los casos falla, el antibiótico es efectivo cuando esta en su etapa aguda. Cuando se hace cronico, la mayoría de la gente recurre a la medicina alternativa, aunque se pueden combinar los dos. La clave aquí es restaurar la función del nuestro sistema de defensa, el sistema inmunológico. Al funcionar este bien, el mismo cuerpo va a poder mantener las bacterias bajo control.

El uso prolongado de antibióticos va a suprimir el sistema inmunológico; por lo tanto no vamos a tener las defensas necesarias para pelear en contra de los microbios, por esto es muy difícil que alguien sane de Lyme o de cualquier otra enfermedad infecciosa tan solo usando antibioticos. Si decides tomar antibióticos, es importante que lo combines con hierbas y suplementos que apoyen el sistema de defensas. Después de un curso de antibióticos, se debe de tomar un buen suplemento de probióticos y continuar con un régimen de hierbas por algún tiempo para prevenir un relapso, luego se debe de continuar por tiempo indefinido con suplementos que fortalezcan el sistema inmunológico

Existen muchas hierbas que nos pueden ayudar, se deben buscar hierbas con propiedades antibacteriales y antivirales tales como:

Japanese Knotweed

Esta es una hierba de las mejores ya que ofrece excepcional actividad antimicrobial para Lyme y algunas co-infecciones como Mycoplasma y Bartonella. También cuenta con propiedades antivirus y anti-hongo, así que puede ser benéfica para controlar la levadura en el cuerpo (cándida)

Se cree que puede romper el "biofilm" así que puede penetrar hasta donde esta la bacteria o virus.

Japanese Knotweed is una buena fuente de resveratrol, que es un poderoso antioxidante. Apoya la función vascular y puede ayudar a tener mejor circulación ya que adelgaza un poco la sangre.

Ajo

Como sabemos el ajo se ha usado como medicina por muchísimos años. El ajo tiene una substancia química llamada alicina, el olor del ajo es la alicina, lo malo es que en cuanto el ajo se machuca, se corta, o se cocina, la alicina se evapora y se pierden las propiedades del ajo. Para obtener mayor beneficio del ajo se debe de buscar un suplemento que contenga alicina estabilizada. El ajo en esta forma va a tener poderosas propiedades antibacterial, antiviral, y antihongos. Es muy efectivo en infecciones por hongos como lo es Cándida (levadura).

Andrographis

Esta es una planta de la India, es antiviral, antibacterial, y antiparásitos. Se ha usado mucho en el tratamiento del síndrome de Lyme, estudios clínicos han demostrado que al usar esta hierba va a reducir la severidad y la tardanza de cualquier enfermedad viral.

Tiene otros beneficios adicionales como fortalecer el sistema inmunológico y proteger el sistema cardiovascular.

Andrographis ofrece protección para el hígado por el uso de diferentes medicamentos. Esta hierba también mejora las células naturales asesinas (NK cells) mientras reduce la producción de citoquinas bajando la inflamación. En mi opinión creo que se debe se seguir tomando por largo tiempo aun después de haber tratado Lyme para prevenir una recaída.

Una de Gato

La uña de Gato es nativa del Amazona, se ha usado por mucho tiempo en la historia en el tratamiento de condiciones inflamatorias. Ha sido adoptada como una hierba primaria en el tratamiento del síndrome de Lyme. Es considerada como inmune modulador del sistema inmunológico, calma el sistema inmunológico bajando la inflamación, por sus propiedades antiinflamatorias se ha usado en el tratamiento de la artritis. La uña de gato también mejora la función de las células naturales asesinas. También se ha demostrado que puede ayudar a sanar el tracto intestinal, muy beneficiosa para tratar los intestinos impermeables.

Es una hierba primaria en el tratamiento de Lyme y para restaurar problemas intestinales.

Cordyceps

Es un tipo de hongo nativo de Tíbet, este ofrece propiedades que balancean el sistema inmunológico y ayuda a controlar el estrés, protege la mitocondria y mejora la fatiga

Cordyceps también tiene propiedades antibacterianas y antivirus por lo cual provee apoyo para combatir Bartonella y micoplasma, también ayuda a proteger los tejidos al bajar inflamación por la producción de citoquinas.

Reishi

Este es otro tipo de hongos con un valor excepcional para modular el sistema inmunológico. Se considera adaptogena y con propiedades antivirales. Se ha usado por muchos años en Japón en el tratamiento del cáncer. Se considera de mucho uso para calmar la respuesta inmunológica. Ayuda a relajarse y a mejorar el sueño.

Reishi también ofrece significativos beneficios para el sistema cardiovascular y es antiviral.

Glutatión

Es un poderoso antioxidante que ayuda a proteger el cuerpo de muchas enfermedades y condiciones físicas. El glutatión es: antioxidante, fortalecedor del sistema inmunológico y ayuda en la eliminación de toxinas. Esta compuesto de tres aminoácidos: Glutámico acido, cisteína and glicina. Como antioxidante dentro de las células protege a la mitocondria contra los radicales libres. Este es esencial para la desintoxicación del hígado.

Ashwagandha

Esta planta es nativa de la y de África, tiene la habilidad de balancear, energizar, rejuvenecer y de revitalizar. Ashwagandha se ha usado por cientos de años como una de las mas plantas revitalizadoras en la medicina ayurvedica.

Ayuda a mejorar la tolerancia al estrés, también puede mejorar la calidad de sueño.

Ashwagandha ayuda a mejorar las funciones cognitivas y puede ayudar a reducir el aturdimiento del cerebro. Es antimicrobial, antiviral, y antiinflamatoria.

Lions Mane

Este es un tipo de hongo que puede ayudar a mejorar las alteraciones cognitivas leves, también ayuda a mejorar la ansiedad y depresión.

Ayuda a balancear el sistema inmunológico y es protector de los nervios.

CBD Oíl

Tiene propiedades antiinflamatorias, puede ayudar a balancear el sistema inmunológico, ayuda a reducir el dolor, la ansiedad y la depresión. Como es un relajante puede ayudar a mejorar la calidad del sueño.

Omega 3 fatty acids

Los omegas 3 son importantes para bajar la inflamación en el cuerpo y esencial para apoyar la función de la membrana, también es importante para mantener un optimo flujo de sangre.

El pescado, los mariscos y los vegetales son buena fuente de Omegas.[6]

Estas son algunas de las hierbas de las muchas que existen que pueden ayudar a mejorar la respuesta inmunológica y a suprimir los microbios. Debemos tener una dieta antiinflamatoria, y alimentos que combatan la inflamación como la cúrcuma y el jengibre. Lyme causa una inflamación crónica por lo tanto es muy importante tomar suplementos que nos ayuden a contrarrestar la inflamación.

El tratamiento para Lyme puede ser largo y difícil. Cuando se elije un régimen a base de hierbas y suplementos naturales se debe de tener en cuenta que es por largo tiempo, mejor dicho es para toda la vida. Esto no quiere decir que va a tomar todas las hierbas para siempre, pero si se debe de estar protegiendo y fortaleciendo siempre. Las hierbas se pueden alternar, podemos tomar unas y después de otras. Escogiendo siempre alimentos y suplementos que ayuden a mantener un sistema inmunológico fuerte va a ser la mejor manera de poder mantenernos saludables y de prevenir un relapso.

Uno se puede desanimar y abandonar el tratamiento al no ver resultados a corto plazo. Yo trate por casi un año con hierbas y si me ayudaron mucho porque no me sentía tan mal pero no sane. Así que tuve que dejar el tratamiento natural y buscar otras alternativas. Es

---

[6] (Rawls B., n.d.)

un proceso complicado y si se necesita ayuda medica. Los exámenes son importantes, aunque los de Lyme y co-infecciones pueden ser no muy confiables, es bueno hacer exámenes para checar por moho y por mico toxinas. Cuando se trata un tratamiento natural por mas de seis meses y no se mejora, en mi opinión creo que es tiempo de hacer estos exámenes.

Hay personas que sanan o se controlan nomas con el uso de hierbas usándolas por mucho tiempo, pero la mayoría necesita uno o mas cursos de antibióticos y luego seguir con las hierbas por tiempo indefinido.

Altas y bajas durante el tratamiento

Esto se puede convertir en una pesadilla, cuando sientes que vas mejorando y piensas que ya vas a salir de esto, o por lo menos seguir mejorando cada día, de repente vuelves a sentirte igual o peor. Puede venir desesperanza y frustración por no poder mirar la salida.

Yo tuve muchas altas y bajas durante el proceso de tratamiento y recuperación. Con la gracia de Dios podía pasar cada día y El me daba la fortaleza para seguir luchando. Creo que esta es una de las enfermedades mas feas y difíciles de tratar. A veces uno siente que los doctores están adivinando y de hecho si están porque los análisis no son muy confiables. Yo me realice muchos exámenes y cada uno me daba un resultado diferente. Los doctores se guían mas bien por los síntomas y tratan todo lo posible, pero a veces simplemente no saben que decirte y es cuando uno tiene que tomar el control y decidir que va a hacer. La mayoría de los doctores te ofrecen antibióticos. La clínica del Dr. Spounagle recomiendan mucho antibiótico, a mi me dieron varios, uno tras otro, de diferentes tipos. El Dr. Spounagle dice que Bartonella es muy resistente, El me dijo: "necesitas una bomba atómica para erradicar Bartonella" Creo que exageró un poco, pero si es muy resistente; por esto el recomienda diferentes tipos de antibióticos para tratar de controlarla. El antibiótico tiene sus contraindicaciones, se debe de deber tener cuidado. Yo creo que esta bien por un tiempo, en mi opinión creo que no se debe de usar por mas de tres meses seguidos. Lo bueno de esta clínica es que están continuamente desintoxicando y fortaleciendo el cuerpo por medio de nutrientes. El uso continuo de antibióticos hace que la bacteria se va haga resistente al antibiótico.

Dos semanas antes de dejar la clínica después de haber estado ahí por 16 semanas, empecé a sentirme mejor y empecé a planear irme a la casa, pero pronto me di cuenta de que no estaba lista todavía, ya que empecé a sentirme mal otra vez. El Dr. me dijo que no estaba lista; entonces me quede 4 semanas mas. Seguí igual con altas y bajas; aun cuando regresé a mi casa no estaba del todo bien, seguí luchando por un tiempo mas.

Mi cuerpo paso por mucho durante el tiempo que estuve en la clínica, fueron casi 5 meses de tratamiento todos los días; así que, al suspender el tratamiento sin estar lista, mi cuerpo lo sintió bastante y ya estando en casa me sentí bastante mal, al punto que me arrepentí de haber regresado a casa.

Yo pensé que iba a regresar completamente bien de la clínica, pero no fue así. Por mucho tiempo continúe teniendo altas y bajas, al principio mas bajas que altas, hasta que poco a poco mi cuerpo fue reaccionando y empecé a sentirme mejor. Después de mas de 5 meses en casa empecé a tener mas días buenos que malos; y así poco a poco mis días fueron siendo mejores.

10

Sistema Inmunológico; clave para recuperar la salud

El sistema inmunológico "es la defensa natural del cuerpo contra infecciones, como las bacterias y los virus. A través de una reacción bien organizada, su cuerpo ataca y destruye los organismos infecciosos que lo invaden".

Como lo he mencionado anteriormente se debe de hacer todo lo posible para restaurar la función del sistema inmunológico. Este sistema tiene un gran trabajo, es comparado con un oficial que cuida el orden en contra de rufianes o ladrones en una ciudad. Si se descuida la guardia pueden ocurrir tragedias. El sistema inmune tiene la función de identificar agentes invasores que entran al cuerpo y luego pasan a la sangre. Cuando el cuerpo esta sobrecargado de toxinas o de cosas negativas; el sistema inmune no va a poder diferenciar entre la toxicidad y la nutrición y es cuando pueden surgir enfermedades auto inmunes

Todos tenemos microbios, existen cientos de microbios, el trabajo del sistema inmunológico es mantenerlos bajo control. Si por alguna razón el sistema inmunológico falla en hacer su trabajo, vamos a estar en problemas ya que los microbios van a aprovechar la oportunidad para florecer. Cuando hay una disfunción del sistema, los microbios tienen la habilidad de manipular al sistema inmunológico con mensajeros llamados "citoquinas", estos generan inflamación general en todo el cuerpo, esta inflamación les da acceso a los microbios a penetrar en los tejidos y de esta manera tienen acceso a nutrientes vitales para sobrevivir y para seguir multiplicándose, cuando esto ocurre se empiezan a presentar síntomas, ya que el sistema ya no es capaz de mantenerlos suprimidos.

Estresores del sistema inmunitario

Existen varios factores que pueden estresar nuestro sistema inmunológico, tales como:

Estrés

Nuestro cuerpo esta diseñado para tolerar cierto tipo o cierta cantidad de estrés, por así decirlo. Cuando pasamos ese limite, el estrés tiene el potencial de interrumpir o perturbar todas las funciones normales del cuerpo y de la mente. No vamos a poder funcionar bien; la digestión se va a ver afectada, el sueño va a ser interrumpido, se nos van a empezar a olvidar las cosas. Si el estrés no es controlado, esto poco a poco nos puede llevar a problemas de salud mas serios como ansiedad y depresión. Al estar en estrés continuo, el sistema inmunológico también se va a ver interrumpido, ya no va a ser capaz de cumplir con su función diaria, así que es muy importante. La mayoría de las personas tenemos un estilo de vida muy estresado, el mundo actual demanda mucho de nosotros y a veces tomamos mas responsabilidades de las que podemos manejar. Existen personas que trabajan largas horas para poder suplir todos los gastos, otras que se endeudan demasiado, la vida se ha hecho muy complicada, ya no podemos tener un estilo de vida mas simple como lo tenían nuestros antepasados. El estrés excesivo nos coloca constantemente en modo de alerta y evita la reparación y el mantenimiento que el cuerpo debería de tener diariamente; vivimos constantemente bajo estrés, a veces no damos tregua al cuerpo. Al tratar de mejorar la salud, el estrés es un aspecto muy importante que no debemos de pasar por alto. En mi opinión creo que hay una gran conexión entre el estrés y las enfermedades crónicas como hipertensión, arteriosclerosis, cáncer y por supuesto enfermedades auto inmunes. El cuerpo esta continuamente tratando de repararse a así mismo pero necesita ciertos recursos para poder hacerlo; así que debemos hacer todo lo posible por darles estos recursos y así poder manejar el estrés de la mejor manera posible.

Existen varias cosas que podemos hacer para ayudarnos a manejar el estrés entre ellas podemos encontrar:

Meditación

Debemos poner nuestro cuerpo en un "healing mode" en una manera en que pueda sanarse. Para mi la oración debe ser numero uno en la lista, esta es la mas importante, meditar en el Señor y en su palabra todos los días, esto nos da paz y tranquilidad, no deberíamos empezar nuestro día sin pasar momentos de quietud en la presencia de Dios. La biblia dice que el es mi paz, me gusta mucho este versículo, lo veo como una oración para bendecir a alguien mas.

> *"El Señor te bendiga y te guarde; el Señor te mire con agrado y te extienda su amor; el Señor te muestre su favor y te conceda la paz". Números 6:24-26*

Tener una buena noche de sueño

Cuando dormimos, las células de nuestro cuerpo se reparan y esto sucede durante la etapa de sueño profundo, a veces esto es muy difícil de lograrlo, la mayoría de la gente no duerme lo suficiente como para darle al cuerpo la oportunidad de repararse. Se puede convertir en un ciclo, si estamos estresados no vamos a poder conciliar el sueño y al no dormir bien, estaremos estresados al siguiente día. Manejar el estrés diariamente es fundamental para prevenir el insomnio.

Debemos dar tiempo suficiente para poder tener una buena noche de sueño. Si quiere dormir 8 horas, debe de dar 10 horas porque no se duerme uno inmediatamente, a mi me toma de 30 a 60 minutos para quedarme dormida, luego uno se despierta durante la noche, mínimo una vez al baño, ahí se puede perder tiempo. Así que debemos tener disciplina y acostarnos a una hora razonable, en mi opinión no mas tarde de las 10:00 pm.

Ayuda mucho tener una buena disciplina en esto. Se debe de acostar a la misma hora y levantarse a la misma hora, el cuerpo se acostumbra a un patrón y debemos de respetarlo. Según los estudios científicos las mejores horas de sueño son antes de las 12:00 a.m. Estas horas son cuando el cuerpo aprovecha mas el sueño. Debemos de procurar por lo menos 4 horas de un sueño profundo. Cada vez que vamos a dormir es como hacer un deposito en una caja que asegura tu salud. Se requiere de 7-8 horas de sueño por cada 24 horas, mucha gente se priva del sueño, especialmente los jóvenes. Poco a poco las reservas se van acabando hasta llegar al punto donde la persona se encuentra crónicamente estresada y entonces las enfermedades auto inmunes pueden aparecer.

El uso constante de electrónicos, especialmente en la noche interrumpen el sueño. La gente vive pegada al teléfono celular, duermen con el teléfono debajo de la almohada o lo ponen a cargar a un lado de la cama. Podemos no darle importancia a esto, pero esto realmente afecta al cuerpo. Si quiere tener una buena noche de sueño, limite el tiempo del celular, de la computadora y de la televisión, especialmente en la tarde. Desconéctese de todo a las 8:00 pm y su sueño va a mejorar bastante y como consecuencia tendrá menos estrés. Uno de los muchos doctores que visite me dijo que el teléfono celular es como una torre de fuente electromagnética y que en la noche deberíamos de ponerlo lejos de nosotros y en modo de avión, así como también apagar el receptor de la internet.

Al no dormir bien se va a producir un inbalance de los neurotransmisores en el cerebro. El estrés interrumpe el balance hormonal y suprime los neurotransmisores en el cerebro que son necesarios para dormir.

Bajo circunstancias naturales, la obscuridad estimula la secreción de la hormona melatonina, la melatonina a su vez ayuda a crear otras hormonas como: GABA, serotonina y dopamina; estas hormonas son muy necesarias para tener una buena noche de sueño. Tomar melatonina por un tiempo puede ayudarnos a dormir mejor, pero solo debe ser por un tiempo, es mejor tratar de corregir nuestros hábitos y darle la oportunidad al cuerpo de que la produzca por si mismo.

Soluciones naturales para tener una buena noche de sueño

Podemos encontrar varias cosas en la naturaleza que pueden ayudarnos, cosas que Dios ha provisto para nosotros, solo tenemos que aprender cuales son y aprender a usarlas, entre ellas podemos encontrar el: bacopa, passionflower, motherwort, ashawanda, y magnesio, estas son algunos, pero existen mas. Estas hierbas son excepcionales ya que promueven un estado de calma sin efectos secundarios o toxicidad como pueden ser las drogas para dormir. Lo magnifico de estos suplementos es que no crean dependencia.

Bacopa

Se ha utilizado por muchos años en la medicina tradicional para ayudar a dormir mejor y para reducir el estrés. También ayuda a mejorar la función cognitiva, en otras palabras, bacopa es una ayuda para dormir mejor y para pensar mejor ya que protege al cerebro contra los efectos negativos por no dormir bien. Ayuda a tener una mejor claridad mental.

Passionflower

Se ha usado por mucho tiempo para promover un estado de calma, también contiene propiedades que ayudan a relajar los músculos

Motherwort

También esta hierba es calmante y es conocida como un apoyo para la función cardiaca, cuando hay palpitaciones ocasionales asociadas con el estrés y desbalances hormonales.

Ashwagandha

Esta es una hierba adaptogena que ayuda a enfrentar el estrés, esta hierba tiene muchos beneficios, entre ellos, ayudar con los síntomas de la menopausia.

Magnesio y Calcio

Estos no son hierbas sino minerales y la mayoría de nosotros no estamos obteniendo la cantidad necesaria especialmente del magnesio, la falta de magnesio esta relacionada con el insomnio y con ansiedad. Calcio y magnesio ayudan a calmar la mente y a sentirnos mas relajados. Magnesio glycinate es muy fácil de absorber.

Existen otras cosas que podemos hacer para ayudarnos a dormir mejor como lo siguiente:

Evita la cafeína y los líquidos en la tarde, sabemos que la cafeína es un estimulante, si se consume por la tarde nos va a mantener despiertos, el café es la mayor fuente de cafeína y la mayoría de la gente esta adicta al café o a otras bebidas estimulantes. Los líquidos en la tarde se deben de evitar para prevenir levantarnos varias veces al baño interrumpiendo el sueño.

Toma un baño en agua tibia antes de dormir, el agua tibia es calmante y relajante.

Evita la luz de la computadora y del teléfono celular ya que esto suprime la producción de melatonina y mantiene la mente en alerta.

Aprende técnicas para apagar la mente, esto se puede lograr mediante ejercicios de relajación por medio de respiración profunda. Yo practico unos ejercicios que se llaman Gigong o Thai-chi, son ejercicios muy suaves que incluyen respiración profunda y un poco de estiramiento. Estos ejercicios ayudan mucho a relajar la mente.

Ajusta la temperatura, se duerme mejor cuando esta un poco fresco, si la temperatura esta muy caliente o fría, va a ser difícil poder dormir bien.

Realiza algún tipo de ejercicio físico durante el día, especialmente cardio. Esto ayudara a bajar estrés y estarás mas calmado durante la noche. El ejercicio vigoroso se debe de evitar en la tarde.

Trata de evitar el ruido molesto, el uso de un ruido constante ayuda mucho por ejemplo el uso de un filtro de aire en el cuarto de dormir ayudará bastante, vas a poder respirar mejor y el ruido del filtro te arrullará.

Se debe de tratar por todos los medios de tener una buena noche de sueño cada noche, privarnos de sueño va a afectar nuestra salud considerablemente. En mi opinión creo que debemos de tratar de lograr esto primero antes de empezar cualquier tratamiento o terapia; ya que si no logramos esto, no vamos a poder recuperar la salud. Antes de yo enfermarme, tuve problemas para dormir por mucho tiempo, no estaba tan consiente de lo importante que esto es, así que no le daba mucha importancia, ahora trato todo lo necesario para poder dormir bien.

Lo digo otra vez, para tener un sistema inmunológico saludable, necesitamos por lo menos 7 horas de sueño, que si logramos dormir 8 va a ser mucho mejor.

Ejercicio

Tener un estilo de vida sedentaria puede ser muy dañino para nuestra salud, pasamos mucho tiempo sentados. La mayoría de la gente pasamos mucho tiempo sentados enfrente de una computadora trabajando o buscando cualquier cosa. Hoy en día necesitamos la computadora casi para todo, luego pasamos tiempo sentados viendo televisión o descansando. Este estado de inactividad física crea algo que se conoce como: "respuesta de lucha o escape" "esto es un mecanismo automático de supervivencia que prepara al organismo para tomar acciones-prepara al cuerpo para huir o luchar-, el cuerpo a veces no sabe porque esta sucediendo y esto puede parecer incomodo.

El ejercicio físico ayuda a normalizar esta respuesta; por lo tanto, debemos de tomar descansos intermedios. Existen muchas maneras de hacer ejercicio, la mas fácil es caminar. Tome un descanso y camine alrededor de su casa o en su vecindario, caminar debajo de los arboles, en la naturaleza, es la mejor manera de ayudar al sistema inmunológico. La naturaleza nos provee de unos químicos llamados fitoncidios, estos estimulan directamente la función inmune. El movimiento físico nos ayuda a generar endorfinas, las endorfinas son químicos que estimulan el sistema inmunológico y nos proporcionan un estado de bienestar.

El ejercicio también ayuda al cuerpo a generar células madre, estas células tienen el potencial de reparar el tejido y de ayudarnos a mantenernos saludables.

Como ya sabemos existen varios tipos de ejercicios físicos que podemos realizar. Se debe escoger el que este de acuerdo con la capacidad física. Yo por mucho tiempo estuve sin hacer casi nada de ejercicio, me costaba mucho moverme, así que a veces daba solo una vuelta alrededor de la casa y practicaba 10 a 15 minutos de gigong, este tipo de ejercicio también ayuda a producir endorfinas. Cuando me sentía un poco mejor, trataba de hacer un poco de yoga máximo 10 minutos.

El yoga tiene varios movimientos muy beneficiosos para fortalecer el sistema inmune. el yoga fortalece el tracto digestivo, ayuda a calmar el sistema nervioso y a que haya un mejor flujo en el sistema linfático. Todo esto junto mejoran la respuesta inmunológica.

Otro muy bueno es brincar en un mini trampolín, tiene muchos beneficios; algunos de ellos son:

Hace circular el oxigeno a los tejidos, aumenta la circulación linfática, así como el flujo de la sangre, fortalece el corazón y los pulmones, quema calorías, mejora los procesos de digestión y de eliminación, puede ayudar a normalizar la presión sanguínea, y mas.

Como podemos ver, el ejercicio físico es indispensable para

fortalecer el sistema inmune, al mejorar la respuesta inmune, vamos a ir recuperando la salud poco a poco, cuando el sistema inmune trabaje por si solo en una forma optima, este va a luchar por nosotros y nos va a defender. El cuerpo esta diseñado para moverse, así que toma descansos frecuentes durante el día y haz algún tipo de movimiento.

Problemas emocionales

Tratar los problemas emocionales es otro aspecto muy importante para recuperar la salud y para lograr que el sistema inmunológico trabaje de forma optima. El doctor que visite en Dallas me dio una lista de cosas que tenia que hacer para tratar de tener un sistema inmunológico funcionando bien y la primera en la lista era: reparar las emociones y crear relaciones saludables.

A la mayoría de la gente nos cuesta mucho sanar el área emocional, se nos hace difícil hablar y sacar lo que nos hace daño. Para no tener problemas con los demás, solemos callar y suprimir nuestras emociones. Sacar toda amargura, resentimiento y falta de perdón es muy importante. Cuando estamos jóvenes y sanos, el cuerpo puede manejarlas, pero si a través de los años vamos embotellando las emociones, se pueden acumular tanto hasta el punto en que el cuerpo ya no puede mas y entonces empiezan a aparecer problemas de salud que la mayoría de la gente no las relacionamos con lo emocional.

Cuando el Doctor me dijo que necesitaba tratar primero con lo emocional, al principio no creí que esto fuera tan importante, mas tarde me puse a analizar como ha sido mi vida emocional por muchos años, me di cuenta de que esto era un gran problema en mi vida y no iba a ser nada fácil tratar con esto. Soy una persona que no hablo mucho, a veces me cuesta expresar lo que siento; por otro lado a mi esposo no le gusta enfrentar situaciones difíciles o cosas profundas que uno necesita hablar. Siempre el trataba de aparentar que todo estaba bien y yo tenia que quedarme con mis emociones reprimidas. Por muchos años no hablaba con nadie de mis problemas personales. Cuando aprendí que es muy importante sacar nuestras emociones, me di cuenta de que tenia que hacer algo al respecto, si quería sanar.

Primero tenemos que identificar que es lo que estaba ocasionando esa carga emocional negativa, una vez que sabemos que es lo que nos ha hecho daño emocional, debemos enfrentarlo y tratar de corregirlo. Esto puede ser muy difícil, porque lo emocional siempre envuelve a otras personas o relaciones.

Trate cosas con mi esposo que estaban ahí por años, trate con mis hijos de cosas que nos habían lastimado en el pasado. Nuestra relación familiar mejoro, especialmente con mis hijos, pero cuando uno ya tiene un patrón establecido por muchos años, cambiarlo puede ser muy difícil. A las personas mayores nos cuesta mucho cambiar nuestros hábitos y mi esposo no estaba muy de acuerdo en esto, tampoco estuvo muy dispuesto a cambiar algunos de sus hábitos, así que para mi sanar lo emocional seguía siendo un problema que no sabia como resolver.

Empecé por renovar mi mente cada día, así como dice la palabra, cada día le pedía al Seños que limpiara mi mente y mi corazón. Es muy importante tratar de acomodar nuestras emociones, tener control de la mente es difícil, los pensamientos llegan, pero Dios nos ha dado el poder y la autoridad para rechazarlos. Debemos de reemplazar los pensamientos negativos con pensamientos positivos. Ser positivo es muy bueno, debemos programar nuestra mente y creer que vamos a sanar, confesarlo también es bueno. Al hacer esto solo estamos haciendo lo que dice la Palabra de Dios. Si luchamos espiritual y físicamente vamos a poder lograr una estabilidad emocional y vamos a poder vivir una vida plena, así como dice la palabra.

Dieta

Otro aspecto muy importante, por supuesto, es la dieta, nuestro cuerpo va a reaccionar de acuerdo con lo que pongamos dentro de el.

Algunos alimentos y hierbas especificas para fortalecer el sistema inmunológico son los siguientes:

Los vegetales deben de ser los primeros en la lista, luego le siguen las frutas. Nuestro plato debe de consistir en 70% de vegetales, lo demás debe de ser proteína y muy pocos carbohidratos. Las mejores verduras son las verdes y las de colores brillantes, especialmente los vegetales amargos; ya que están contienen los niveles mas altos de nutrientes clave como fibra, potasio, acido fólico y vitamina A y C. Los vegetales están llenos de Fito nutrientes y otras propiedades benéficas. Los vegetales que no son dulces, mas bien amargos tienen mas beneficios que los dulces.

Nos ayudan a normalizar la función digestiva, también ayudan a estimular el flujo de bilis, lo cual ayuda al hígado a mover toxinas. Otro beneficio de los vegetales amargos es que estimulan la producción de enzimas digestivas.

Algunas de mis favoritas son: coles de brúcelas, alcachofa, rucula, diente de león, espárragos, espinacas, col rizada, repollo, coliflor, brócoli, y achicoria

Existen muchas variedades de vegetales que también son muy buenos, pero específicamente estos nos van a ayudar a promover una mejor digestión y desintoxicación.

Estamos acostumbrados a los sabores dulces, si estos vegetales te parecen raros o no te gustan, puedes tomar un suplemento de hierbas amargas, generalmente viene en forma liquida. Tomar unas gotas debajo de la lengua antes de comer nos van a ayudar muchísimo a tener mejor digestión y a cambiar las papilas gustativas, después te van a gustar estos vegetales amargos.

Debemos evitar a toda costa los carbohidratos procesados como el azúcar y la harina blanca.

Evite la comida procesada, nuestra dieta debe de consistir en comida entera fresca que aparece en forma original, evitando lo sintético. Minimice las grasas saturadas, deben ser reemplazadas por grasas buenas como el aceite de olivo, aceite de coco, o de aguacate.

No nos debe faltar el agua pura, nuestro sistema debe de estar bien hidratado.

Existen muchas hierbas que también pueden ayudar al sistema inmunológico tales como:

Pimienta de cayena	ajo
Jengibre	tomillo
Cúrcuma	salvia
Canela	orégano

Estas hierbas contienen fotoquímicos que son substancias que las plantas producen para proteger las células en contra de los radicales libres. Al proteger las células, están protegiendo al sistema inmunológico ya que el sistema esta compuesto de células. Es muy importante que nuestro cuerpo este protegido en contra de los radicales libres para mantener la salud de las células. Si las células no están protegidas, se van a estresar y al pasar esto, se mueren y se produce mas desperdicio y esto va a causar un estrés adicional en el sistema inmunológico, esto a su vez va a causar mas inflamación en el cuerpo.

El 75% de tu sistema inmunológico se encuentra en los intestinos y para mantener un buen balance de la bacteria buena en tu microbioma es necesario que consumamos alimentos que contengan suficiente cantidad de probioticos y prebióticos. Los probioticos contienen una gran cantidad de bacteria amigable, algunos alimentos que contienen gran cantidad de prebióticos son los alimentos fermentados como: yogur, kéfir, kimchi, sauerkraut, y la kombucha. Los prebióticos se encuentran en alimentos que contien alto contenido de fibra como: cebolla, manzana, plátano, espárragos, y champiñones.

Al mantener un buen balance de la flora intestinal, quitara presión al sistema inmunológico y esto lo ayudara a funcionar apropiadamente. [7]

Algo que esta de moda últimamente es el ayuno intermitente, antes nos decían que el almuerzo era el alimento mas importante del día, ahora se cree que es mejor comer un poco menos y que se debe de dar un descanso al sistema digestivo, ya sea por medio de un ayuno completo o un ayuno parcial. Estudios realizados en el Instituto de Longevidad de la Universidad de California, encontraron que

---

[7] (Bill, n.d.)

un ayuno de tres días puede revitalizar el sistema inmunológico a nivel celular. Para personas con enfermedades crónicas esto puede ser difícil dejar de comer completamente, estas personas pueden considerar el ayuno intermitente ya que es mas fácil y flexible.

Creo que cualquier persona puede hacer el ayuno intermitente y lograr casi los mismos beneficios del ayuno completo, el ayuno intermitente se puede hacer de diferentes maneras. Debemos de tratarlo y tratar de descubrir cual manera se ajusta mas a nuestras necesidades. Creo que el mas sencillo es escoger uno o dos días por semana donde el tiempo sin alimentos se extiende un poco mas. Se puede empezar de 12 a 14 horas y poco a poco se puede ir extendiendo el tiempo sin comer. Por ejemplo, se puede dejar de comer a las 7:00 pm hasta el siguiente día a las 9:00 am. Ahí ya estaremos ayunando por 14 horas y después se puede extender el tiempo de ayuno hasta las 11:00 o 12:00 pm

El ayuno 16:8 es el mas fácil y flexible, uno escoge el horario que mas le convenga, este ayuno consiste en dejar de comer por 16 horas y va a tener un periodo de 8 horas para comer.

Durante este periodo que dejamos de comer, nuestro cuerpo tiene la oportunidad de descansar. Nuestro organismo comienza a regenerarse, a repararse mientras se desintoxica. Este tipo de ayuno tiene muchos beneficios, uno de ellos es que el cuerpo utiliza la energía que se usa para la digestión para repararse. Todo esto va a fortalecer el sistema inmunológico.

Dicho todo lo anterior, se debe de prestar mucha atención a lo que ingerimos si queremos mejorar la función inmunológica.

Como puedes ver se requiere mucho para tener una función inmunológica optima, y poder recuperar la salud, a veces uno puede pensar que esto es imposible de lograr. Creo firmemente a través del tiempo se puede lograr, con mucha paciencia y perseverancia.

11

La Mejor Dieta para tratar El Syndrome de Lyme y otras Enfermedades Crónicas

Cuando se tiene cualquier enfermedad crónica incluyendo Lyme, siempre se van a encontrar problemas digestivos. Entonces el primer paso para mejorar la salud es tratar de mejorar la digestión, si no mejoramos la digestión, no vamos a tener una buena absorción ni de los alimentos ni de los suplementos. Es una clave muy importante, tratar esto primero y luego tratar cualquier problema de salud. Yo estuve teniendo problemas de digestión por mucho tiempo y no entendía porque, luego cuando me diagnosticaron con Lyme empecé a tomar suplementos que pensaba que me iban a ayudar.

Como lo dije anteriormente tome muchos suplementos, tomaba todo lo que creía que me podía ayudar, cuando uno esta desesperada, trata lo que sea con la esperanza de mejorar. Por mucho tiempo tomé diferentes suplementos, pero no mejoraba Despúes me di cuenta de que mi digestión estaba bastante mal y al tener mala digestión, quería decir que no estaba absorbiendo bien los nutrientes. De tanto suplemento que tome, la mayor parte la estaba tirando. Así que llego el momento en que pare todo y me enfoque por un tiempo en la digestión, seguí tomando suplementos, pero ahora solo unos cuantos para tratar de sanar las paredes de los intestinos. Mientras tengamos microbios en el cuerpo es muy difícil mejorar la digestión, ya que estos la afectan. Yo no entendía porque mi digestión estaba tan mala a pesar de que comía saludable. Luche mucho para mejorar mi digestión y lo logre con la ayuda de algunos suplementos, pero sobre todo con la dieta.

Por cuatro largos meses básicamente lo que comí fue:

Vegetales, muchos vegetales, al principio cocinados para que la digestión fuera mas fácil. Los vegetales deben de ser un componente muy importante de la dieta, los vegetales contienen fibra y ayudan a mantener el colon hidratado. Esta clase de fibra ayuda a sacar toxinas fuera del cuerpo. Dicho esto, debemos comer vegetales mas que cualquier cosa, no solo cuando se esta enfermo sino siempre.

Fruta es algo también muy bueno ya que contienen muchos antioxidantes y fibra de buena calidad. Trataba de comer de dos a tres porciones diarias, también cocinadas al vapor para que la digestión fuera mas fácil. Busque las frutas con mayor cantidad de antioxidantes como los son los arándanos, las fresas y las manzanas, también las peras ya que son fácil de digerir.

Se debe buscar proteína de buena calidad principalmente de pollo y pescado. El salmón silvestre es una buena fuente de proteína. Para quien pueda tolerar los huevos, estos también son buena fuente de proteína. La carne roja se debe de limitar por su alto contenido en grasa saturada, cuando se come carne roja debe de ser orgánica, yo solo como carne roja ocasionalmente como unas dos veces al mes.

El único grano que comí por cuatro meses fue arroz blanco cocido. Cuando mi digestión mejoro empecé a comer los vegetales y las frutas crudas y cambié el arroz blanco por arroz integral.

También me ayude con algunos suplementos como el jugo de sábila, las enzimas digestivas, chlorella y slipery elm son algo muy bueno para sanar las paredes de los intestinos. Otro suplemento buenísimo para sanar los intestinos es el L-glutamina, creo que ese y la chorella son los mejores.

Se debe de evitar completamente la comida procesada. Cuando vamos a hacer las compras, nuestra meta debe de ser alimentos reales, es decir crudos, que no tengas una etiqueta con una lista larga de ingredientes, mis compras del mandado son 90% sin etiquetas, es decir la mayor parte son vegetales y frutas.

Sabemos que el azúcar esta en todas partes y hay diferentes clases de azúcar, entonces para no errarle yo todo lo que tomaba o tomo todavía es agua pura y te de hierbas sin cafeína, evite el azúcar a como de lugar ya que esta aumenta la inflamación. Esta dieta que estoy dando aquí es antiinflamatoria, enfermedades como Lyme o fibromialgia causan una inflamación en todo el cuerpo entonces nuestra meta debe de ser contrarrestarla por medio de la alimentación y también podemos ayudarnos con suplementos como lo es la cúrcuma y la boswelia, estos dos productos son lo mejor en productos naturales para controlar la inflamación. Es difícil seguir un régimen alimenticio de esta manera, pero si se quiere recuperar la salud es muy necesario y cuando aprendemos a comer de esta manera, es algo que debemos implementar para siempre. Cuando se tiene una enfermedad cronica como Lyme y entiendes lo que es, se esta dispuesto a hacer todo lo que sea necesario para salir de esto. Debemos de ver la alimentación como una herramienta necesaria para nutrir nuestro cuerpo y para ayudarle a recuperarse.

La dieta puede ser muy limitada y difícil de seguir, yo hice este tipo de dieta por mas de seis meses y perdí un poco mas de 20 libras, me veía bastante mal físicamente, demasiado delgada, pero el peso y la condición física se pueden recuperar poco a poco mientras se trabaja para recuperarse. Lo importante primero es suprimir las bacterias, luego fortalecer el sistema inmunológico y después tratar de restaurar el daño ocasionado incluyendo lo físico.

12

Mi Largo Recorrido Hacia La Recuperacion

Encomienda a Señor tu camino, y confía en él; y él hará.
Salmo 37:5

Tener una enfermedad crónica cualquiera que sea es muy difícil, tener que lidiar con síntomas todos los días, tomar medicamentos diarios para poder controlar esos síntomas puede ser deprimente, yo si me deprimí un poco cuando tuve que empezar a tomar medicamentos para controlar el dolor. Me costo mucho trabajo tener que tomar medicinas a diario.

Como mencione anteriormente he luchado mucho con mi salud por mas de cuatro años. Fui a muchos doctores, hice muchas terapias, traté de hacerlo yo sola por un tiempo, no quería llegar a una de esas clínicas donde dan tratamiento todos los días y esos tratamientos pueden ser muy agresivos y costosos, luche hasta donde sentí que ya no podía hacerla sola.

Cuando me empecé a sentir mejor con un tratamiento natural que estaba haciendo, pensé que con eso me iba a sanar, de pronto tuve una crisis muy fea me empecé a sentirme bastante mal.

Tuve mucho aturdimiento en la cabeza, se sentía muy mareada y en ratos me quedaba sin nada de energía, a veces no tenia fuerzas ni para levantarme de la cama. Al tratar con Lyme uno tiene que aprender que hay altas y bajas, esto quiere decir días buenos y días malos, y esto puede durar por mucho tiempo inclusive años y es cuando uno se desespera y busca algo mas.

Mi estancia en Florida

Al ver que no mejoraba y que ya casi no podía caminar, decidí buscar una clínica especializada en el tratamiento del síndrome de Lyme. En Estados Unidos hay algunos centros de estos. Hay algunos que solo usan medicina alternativa, hay otros que la combinan con la medicina convencional. Buscando la guianza de Dios me decidí por una clínica en Florida. Esta clínica es integrativa pero también usan medicamentos, si usan antibióticos y drogas si es necesario. La mayor parte del medicamento o suplementos lo ponen por vía intravenosa y también recomiendan suplementos por vía oral.

Al estar en esta clínica es mucho por lo que tuve que pasar, tratamiento todos los días, pruebas de sangre cada semana, exámenes de orina cada dos semanas y algunas otras terapias que ahí recomiendan, así que pasaba gran parte del día en la clínica. Al llegar a la casa tenia que tomar varios suplementos y hacia algunas otras terapias. Las primeras semanas fueron muy difíciles, era mucha información, muchas cosas que tenia que hacer. Me sentía muy abrumada y triste por tener que pasar por todo esto; me venían muchas dudas y temores. Hubo días muy difíciles donde me deprimía un poco al pensar en todo lo que tenia que hacer. Lo mas terrible para mi era tener dudas y temores de no estar haciendo lo correcto, no se si era por el mismo problema que estaba pasando pero luchaba mucho con la mente, me repetía la palabra en voz alta pero como quiera me venían dudas. A veces sentía que no era necesario o no entendía porque todo esto estaba pasando. Poco a poco fui aprendiendo y agarrando confianza en el doctor y en la enfermera que me veía todos los días, también aprendí mas del tratamiento y se me fue quitando el temor. También conocí a otras personas que ya estaban mejorando; me identifiqué con algunas de ellas. Conforme pasaban los días me sentía un poco mas confiada. Rápidamente pasaron las semanas. Al llegar a la cuarta semana, empecé a sentirme mejor, el dolor empezó a disminuir por lo tanto empecé a caminar un poco mas. ¡Si, empecé a caminar! El lugar donde me hospede estaba muy cerca del mar y veía a la gente caminando o corriendo a la orilla del mar. Las primeras semanas sola las veía y en mi mente me imaginaba caminando y no solo caminando, también me veía corriendo. Cada día que veía a la gente correr y me decía: voy a correr! ¡Voy a volver a correr! Antes de que me valla de este lugar tan bonito, voy a correr a la orilla del mar. A la quinta semana ya podía caminar como 5 minutos seguidos, para mi en ese momento era un gran logro y estaba muy agradecida con Dios porque iba viendo progreso. Después de tanto tiempo de estar encerrada en mi casa casi sin salir por no poder caminar. Caminar un poco mas y sin dolor era algo glorioso que no podía dejar de alabar a Dios y de darle gracias. Poco a poco fui empezando a disfrutar mas el tiempo que salía al parque o a la orilla del mar; ya que al o principio era muy poco el tiempo que podía aguantar en cualquier lugar. Cuando empieza uno a sentirse normal a sentirse uno mismo, después de tanto tiempo de haber estado como perdida, o desconectada de todo. es una bendición tan grande que todo lo que puedes hacer es agradecerle a Dios por la oportunidad que tienes de volver a estar bien.

A la sexta semana cuando ya esperaba sentirme aun mas bien que la semana anterior; empecé a sentirme muy mal, regreso el dolor como antes y me sentía debilitada y con otros síntomas. Esto me quiso desanimar un poco, pero sentí que era algo pasajero, que era resultado del tratamiento, especialmente del antibiótico, ya era la segunda ronda de antibióticos que me daban y mi cuerpo lo estaba sintiendo. El doctor me confirmo que esto se debía a que al matar la bacteria y al estar eliminando tóxicos del cuerpo, los síntomas se intensifican, ya que esta eliminación de toxinas produce una respuesta inflamatoria y esto produce mas dolor y aun otros síntomas pueden aparecer, tales como: nausea, ansiedad, dolor en todo el cuerpo, se senté como si tuvieras un resfriado fuerte. Yo sentí algunos de estos síntomas especialmente mas dolor.

Después de sentirme mucho mejor; otra vez dolor!

Esto me confundió y me y desanimo muchísimo. Que paso? Que hice mal? Después entendí que es parte del proceso. Unos días mejor, otros días peor. Y así fue todo el tiempo que estuve en la clínica. Tenemos que verlo como un obstáculo en el camino, que luego pasara. Esta semana fue la más difícil ya que estaba sola, me quede sola por una semana. Mi hijo que me acompaño por dos semanas se tuvo que ir.

Me quede sola y sintiéndome peor que antes, fue difícil pero siempre tuve en mi mente que no me iba a dejar vencer y que iba a salir adelante, cuando me sentía triste, ponía alabanza o predicaciones y eso me ayudaba bastante a levantar el animo.

El antibiótico debilita bastante al cuerpo, después del antibiótico, en la clínica desintoxican y fortalecen al cuerpo. Este es un proceso largo donde hay altas y bajas, hay días en que me sentía bien, casi normal, pero de repente otra vez mal, mas dolor que antes, mas síntomas. Cuando volvía a tener el dolor tan fuerte como antes, era bien difícil porque no entendía si estaba avanzando o por algo que hice había retrocedido, tenia una lucha en mi mente bien fuerte.

Dios ya me había dicho a través de mi hermana Julia que esto ya había sido quebrantado y que pronto estaría bien. Así que siempre que me sentía mal recordaba sus palabras y le recordaba a Dios sus promesas. La lucha fue fuerte en estas semanas que dure sola. Trataba de pensar que el dolor es un síntoma pero que estábamos tratando el problema y al ser erradicada la bacteria esto iba a mejorar. Pase muchas semanas así con altas y bajas.

Por los síntomas que estaba presentando el Dr. pensó que además de Lyme era otra bacteria llamada Bartonella y me empezó una tercera ronda de antibióticos, esta vez eran específicamente para tratar bartonella.

Ese día que el Dr. decidió esto, antes de ir a la clínica yo estuve orando para que el Señor le diera sabiduría y guianza al Dr. para que me diera el tratamiento correcto. Ese día yo no tenia cita con el Dr. Me lo encontré en los pasillos y me pregunto: "Como estas?"

Yo le conté como me estaba sintiendo, luego mas tarde me llamo a su oficina para hablar mas y decidió darme este otro antibiótico. Yo me sentí tranquila y confiada de que era el Señor que estaba en control, ya que había estado orando.

La mayor parte del tiempo que pase en Florida no me sentía bien, aun al finalizar el tratamiento, todavía no podía manejar ni tampoco caminaba gran cosa. Se me hizo muy difícil tomar la decisión de parar el tratamiento y regresar a casa, ya que quería irme completamente bien. Tuve que entender que este era un proceso largo y que tenia que continuar la recuperación en la casa. El doctor me explico que esta clínica es como una unidad de cuidados intensivos y que uno empieza a sentirse mejor cuando vuelve a casa, el cuerpo poco a poco va reaccionando y empieza a recuperarse después de todo lo que paso.

Este tipo de tratamientos son muy largos, tratar infecciones crónicas que casi siempre van acompañadas de moho, metales pesados, toxinas de diferentes tipos, se puede llevar mucho tiempo, se requiere mucha paciencia y perseverancia. Pasar en una de estas clínicas cuatro a seis meses se hace un tiempo muy largo.

En total dure 20 semanas en la clínica en Florida. es increíble como pude durar tanto tiempo fuera de mi casa, alejada de mi familia.

El Dr. no me dio de alta, yo tuve que tomar la decisión de regresar a casa, ya que ya era mucho tiempo el que dure fuera de casa. Fue bastante difícil el decidir dejar la clínica, tenia muchas dudas ya que no me sentía bien, hacia una semana que había terminado el ultimo curso de antibióticos y me sentía bastante debilitada, pero aun así regrese confiando en Dios.

Las dos primeras semanas de estar en casa, me arrepentí de haberme venido de la clínica

Los días mas difíciles del tratamiento

La tercera ronda de antibióticos fue muy difícil esas dos semanas, en realidad fueron tres semanas. Hice una semana con una clase de antibiótico, pero era un antibiótico muy fuerte con fuertes efectos secundarios, me sentí muy preocupada porque yo no quería esa clase de antibiótico, así que le expuse mis preocupaciones al doctor y decidió cambiármelo, por eso fueron tres semanas. Fueron los días mas difíciles, había días que me sentía bastante mal, me sentía como si tuviera la influenza y los dolores y las molestias en las piernas se intensificaron por algún tiempo. La enfermera me decía que era solo por un tiempo y que esta reacción quería decir que el antibiótico estaba haciendo algo, que en realidad esto era algo bueno. Me confundi y me desanime pensando que no iba progresando, pero así es el tratamiento. Cuando se esta desintoxicando y matando las bacterias, el cuerpo trata de eliminarlas y esto causa mucha inflamación y sabemos que inflamación quiere decir mas dolor.

Después de la tercera ronda de antibióticos empecé a sentirme mejor, el dolor empezó a disminuir por un corto tiempo, me sintió unos días un poco mejor pero después de una semana de descanso me volvieron a dar antibióticos y otra vez me volví a sentir mal. Con los antibióticos parece que uno va retrocediendo en lugar de ir mejorando, pero tenemos que entender lo que explique anteriormente, al tratar de eliminar la bacteria del cuerpo, vamos a tener una reacción negativa que esto en realidad significa que es algo bueno, quiere decir que estamos matando la bacteria y el cuerpo esta tratando de eliminarla por esta razón puede puede llegar confusion y no sabes si estas mejorando o estas empeorando. A mi me preguntaban: "Como estas?", nomas decía, "bien" queriendo decir no tan bien, por no decirles "me siento terrible". Mi familia se desanimaba y se preocupaba al saber que no me sentía bien y pensaban que el tratamiento no estaba funcionando.

Realmente es muy difícil, solo tienes que esperar y confiar en Dios. Permanecer firme, creyendo cuando te sientes tan mal cuesta mucho, pero realmente esto es lo que es la fe, estar segura de algo antes de haberlo visto, yo me animaba a mi misma con la palabra y la promesa de Dios y al mismo tiempo trataba de animar a las demás. Dios me puso con un grupo de mujeres que la mayoría eran cristianas, así que nos animábamos unas a otras y orábamos unas por otras. A veces yo me sentía caída, y alguien oraba por mi, otras veces veía alguien mas que estaba sufriendo y trataba de animarla, pero sobre todo de orar para que recibieran la fortaleza de Dios.

Estas semanas que estuve sola, todavía no podía manejar y retrocedí un poco, así que casi no caminaba, fue muy difícil, especialmente los fines de semana ya que no iba a la clínica y los días se me hacían muy largos. Trataba de manejar a lugares muy cercanos como a la librería que me quedaba a media milla de distancia y aun esta distancia me costaba mucho trabajo ya que me aumentaba el dolor, aun así lo hacia, manejaba muy poquito, solo a la librería o a algún otro lugar que estaba a la misma distancia. Cuando iba a la librería, pasaba horas ahí, escribiendo, fue cuando estuve escribiendo parte de este libro. Esto me ayudaba a levantar mi animo ya que me sentía útil al estar escribiendo, además me encanta ir a la librería.

Me gusta mucho escribir y leer, así que me ocupaba en esto. Sentía que tenia que salir un poco del apartamento. Cuando pasaba días sin salir me deprimía un poco, es difícil estar sola todo el día, sentía la necesidad de hablar con alguien.

Para ir a la clínica tuve que usar Uber ya que estaba como a seis millas de distancia.

Lo más difícil para mi fue estar lejos de mi familia. Lo que mas extrañe fue mi familia. Aunque todos mis hijos me visitaron y me apoyaron mientras estuve en Florida, aun así fue difícil. No estar con mi hija Génesis cuando compro su casa, no estar con ella en todo ese proceso de comprar su primera casa me dolió bastante, ya que siempre estuve con ella en todas las cosas importantes de su vida. Ella estaba acostumbrada a que siempre iba con ella y siempre me preguntaba como se hacen las cosas, por esta vez ella tuvo que hacerlo todo sola. También estar lejos de la iglesia, de los hermanos es difícil y dejar de trabajar en el ministerio después de haberlo hecho por tantos años, cuesta bastante.

Dios siempre ha sido mi fortaleza y si El me esta pasando por este proceso es porque el esta conmigo y va a estar conmigo siempre.

Esta es una buena clínica, el Dr. es un hombre muy inteligente, pero el tratamiento es largo. Cuando yo recién inicié llevaba mi mente programada para estar ahí por seis semanas y cuando empecé a conocer gente, lo primero que les preguntaba era: ¿Cuanto tiempo tienes aquí? Y me quedaba tan sorprendida cuando me decían: tengo tres meses, otros me decían: cuatro meses. Conocí a un joven que me dijo que llevaba seis meses! No lo podía creer, que alguien pudiera estar en un lugar así por tanto tiempo, yo siempre les decía: "Yo nomas voy a durar seis semanas, en seis semanas me voy a mi casa" y una señora me dijo: *"nadie dura aquí tan poco tiempo"*

Con el tiempo aprendí que es un proceso largo, recuperar la salud cuando el problema se ha hecho crónico puede llevar mucho tiempo. Cuando empiezas a sentirte bien, ya no quieres dejar el tratamiento, quiere continuar hasta estar completamente bien, hasta que el doctor te de alta. Como dije Lyme es muy engañosa, se puede dormir por un tiempo con tratamiento, pero después puede volver a resurgir. La persona que tiene o tuvo Lyme tiene que cuidarse y ser responsable en su cuerpo por el resto de su vida, siempre tiene que estar fortaleciéndose y tratar de tener un sistema inmunológico fuerte, ya que puede volver a activarse, esto te cambia la vida, esto es lo que dicen las investigaciones científicas, pero yo creo que cuando Dios sana, el lo hace completamente.

Como ya lo dije este tipo de tratamiento es muy largo. Cualquier tratamiento para Lyme o para cualquier infección por patógenos similares a Lyme, incluyendo moho son largos y muy costosos y no cualquier persona lo puede hacer. Yo opté por venir a esta clínica después de haber tratado por mucho tiempo diferentes tratamientos, sentí que era mi ultima opción y de ante mano sabia que iba a tener que continuar en la casa para terminar de recuperarme.

Después de 20 semanas en esta clínica regrese a la casa, fue muy difícil el tomar la decisión de regresar, ya que todavía no estaba bien. Quise tomar un descanso del tratamiento para ver como me sentía y para ver si mi cuerpo empezaba a trabajar por si mismo.

Llegar a casa después de tanto tiempo fuera, fue muy difícil, volver a retomar mi vida me costo mucho trabajo y me tomo mucho tiempo, las primeras dos semanas fueron las mas difíciles, aunque continúe con tratamiento oral, no era lo mismo que estar en la clínica. Al salir de la clínica, solo me dieron suplementos naturales para continuar en casa. Básicamente eran productos para fortalecer el sistema inmunológico, otros para seguir desintoxicando y eliminando toxinas, y otros para sanar el tracto intestinal, así como también hormonas.

Por varios meses mas, mi vida continuó casi igual que antes de irme a la clínica. Pasaba los días en casa, ya que todavía estaba muy limitada físicamente. Me deprimía porque sentía que había vuelto a lo mismo, al encierro.

Poco a poco fui sintiéndome mejor, tenia ganas de vivir y de recuperar mi vida, de empezar a salir y de tratar de hacer una vida mas normal, pero todavía no fue posible.

Después de dos semanas de haber vuelto a casa, surgió lo del virus corona. Ya me sentía mejor para poder salir un poco, pero ahora no lo podía hacer por el virus. Estaba acostumbrada a estar en casa y al aislamiento, así que eso no fue gran problema para mi. Debí tener mucho cuidado, tomé muchas precauciones para evitar contagiarme con el virus. Mi sistema inmunológico estaba comprometido por la infección y el uso de antibióticos; así que al encierro otra vez. Para mi no fue problema el estar aislada, puesto que ya estaba acostumbrada. El verdadero problema para mi era que todavía estaba muy limitada físicamente. El dolor por la neuropatía que tenia en las piernas todavía era igual. Algunos días mejoraba y podía moverme un poco mas dentro de la casa y otros días el dolor era continuo. Esto me causaba una frustración muy grande porque me encontraba en un circulo donde no podía salir de el. Unos días mejor y luego volvía a estar igual. Así estuve por mucho tiempo. La desesperación y la angustia volvieron a llegar a mi vida porque después de tanto tiempo de tratamiento, el dolor continuaba, ya no tenia otros síntomas de Lyme, solo el dolor constante. Dicen que el primer síntoma que aparece es el ultimo que se va. Mi primer síntoma fue dolor en los nervios y fue el ultimo en irse. Se pueden llevar años para que los nervios se regeneren. Así que solo nos queda tener paciencia, fe y perseverancia.

Como siempre Dios era mi fortaleza diaria y el que me sostiene. Empecé a buscar a Dios en forma diferente. Solo buscaba su presencia cada día, ya no le pedía que me sanara, ya le había pedido cientos de veces, muchas veces clame por sanidad. Ahora solo buscaba su presencia y su fortaleza cada día. El conoce todas nuestras necesidades, así como dice su palabra, así le busque.

Mas buscad primeramente el reino de Dios y su justicia
y todas estas cosas os serán añadidas. Mateo 6:33

Un día estaba escuchando la predicación del pastor Franklin, el mensaje que el estaba dando lo tomé para mi, creí la palabra que el estaba dando. Dios puso en mi corazón que este año 2020, tendría la victoria en mi salud, el tiempo de adversidad quedaría atrás y días mejores estaban por llegar. Dios puso en mi mente que no soy una victima y que tengo que vivir como una vencedora. No importa como me sienta, no importa lo que pase. SOY UNA VENCEDORA!

Cuando el virus corona empezó a extenderse, en un tiempo si tuve preocupación y un poco de estrés por todo lo que estaba pasando. No podía enfermarme otra vez, cuando apenas empezaba a sentirme mejor. Este virus fue terrible, no se si es peor que el síndrome de Lyme. Lyme te puede causar muchos problemas, te puede arruinar la vida, pero la tasa de mortalidad es baja. La gente se recupera por el virus en corto tiempo, comparado con Lyme que puede estar en la persona toda su vida. Según los médicos, esta bacteria nunca se elimina por completo.

Mi vida ya había sido cambiada mucho tiempo atrás, ya había hecho muchos ajustes en mi estilo de vida, ahora tener que hacer nuevos ajustes. Como el no poder ir a la tienda a compras la comida, tuve que ordenar todo en línea y esperar hasta que lo tuvieran listo, después usar cubre boca para poder salir a cualquier parte, usar continuamente al desinfectante de manos. Este virus nos cambio la vida y marco historia ya que desde que paso la "Spanish Flu" en 1918 no se había visto una epidemia tan fuerte. Lamentablemente mucha gente murió como consecuencia de este virus, que al principio los médicos no sabían que era ni como tratarlo.

La vida nos puede cambiar de un día a otro y le puede pasar a cualquiera

13

Después de la Adversidad...

La palabra de Dios dice que el enemigo es un ladrón y que siempre va a tratar de robarnos lo que Dios nos ha dado, pero yo creo que lo que Dios da, nadie lo puede robar a menos que uno lo permita. Dios nos ha dado la autoridad para retener y para defender lo que El nos ha dado. La biblia dice que debemos resistir al diablo y este huira de nosotros, tiene que huir, si Dios esta con nosotros, el enemigo tiene que huir. No nos va a destruir, Dios me ha enseñado a usar la autoridad que el me ha dado y ha prometido que el multiplicará esa autoridad y que voy a ver cosas grandes en mi vida, hablando espiritualmente. Se que el va a volver a usar mi vida cuando todo esto pase y voy a volver a trabajar en su obra, esto es solo un proceso de aprendizaje.

> *El que halla su vida, la perderá; y el que pierde su vida*
> *por causa de mi, la hallará. Mateo 10:39*

Necesitamos perder ciertas cosas para poder ganar otras, Dios ha prometido darnos vida y vida en abundancia, pero para tener esta vida, necesitamos perder, necesitamos entregar muchas cosas que a Dios no le agradan, por ejemplo: actitudes feas, falta de perdón, injusticia, malos hábitos, orgullo, etc. etc.

Lo primero que necesitamos perder para honrar a Dios es

nuestra propia vida, al perder nuestra propia vida, todo lo feo se va a ir y vamos a ser vasos de honra que Dios quiere usar. Dios limpia nuestra vida cuando estamos dispuestos a perder.

Yo siempre le decía a Dios que quería ser un vaso de honra que el pudiera usar para su obra y todo el que quiere honrar a Dios va a pasar por procesos difíciles porque en esos procesos hay una limpieza y una restauración, después de la tormenta ya no somos los mimos. Yo tenia muchas cosas feas en mi vida que necesitaba dejar ir, actitudes que necesitaba cambiar y a través de este proceso Dios me las puso en mi cara. Mi deseo es honrar a Dios, así que reconocí las cosas en las que había fallado en el pasado he hice lo necesario para remediarlas. Dios cambio mi vida por completo a través de este proceso tan difícil; nunca mas volveré a ser igual.

Yo estoy esperando muchas bendiciones y no estoy hablando económicamente, ya que con tantos doctores y tratamientos gaste casi todos nuestros ahorros, pero hay cosas mas importantes que esas. Se que mi salud va a estar mucho mejor que antes de que me enfermara.

Mi relación con Dios se ha hecho mas intima, he aprendido a escuchar mas su voz. A través de este proceso he aprendido a confiar mas en el, también he aprendido a depender de el. Dios me ha enseñado a agradecer por lo que tengo y a no enfocarme tanto en lo que no tengo. Tenemos que aprender a dejar que Dios pelee nuestras batallas. Yo todavía estoy aprendiendo a dejar completamente a Dios que pelee mis batallas. Claro que confió en El, creo lo que dice su palabra, pero cuando estas en medio del dolor por tanto tiempo, como ser humano podemos decaer en nuestra fe. Y si se tarda mucho para llegar la respuesta, pueden venir dudas, puede llegar confusión. Yo luche mucho con mi mente, había días que la lucha con la mente era terrible, sentía que no podía con tanto. Cuando esto me pasaba, nomas me acordaba de su palabra, de sus promesas, también recordaba lo que Dios me había dicho a través de otras personas. La alabanza me ayudaba bastante a relajar la mente.

Lo que he aprendido es que no debemos dejar llevarnos por nuestras emociones o por como se ven las circunstancias al momento, sino por lo que hemos creído, por su palabra. Dios es mi fortaleza en todo este proceso tan difícil y tan largo y las oraciones de mi familia y de la iglesia fueron mi sostén. Todos los días recibía llamadas de mi familia o mensajes de hermanas de la iglesia que me daban animo y me decían que estaban orando por mi. Si a veces no tenia fuerzas para orar sabia que alguien estaba orando por mi. Dios tiene cuidado de mi y puso en el corazón de personas para que oraran por mi y me ayudaran de diferentes maneras.

Mi vida cambio por completo, nunca mas seré igual. He aprendido a valorar las cosas que realmente son importantes. En esta vida nos afanamos demasiado por cosas vanas, cosas que van a perecer. Cuando se pasa por adversidad, se aprende a valorizar y a apreciar lo que realmente es importante como la familia, la relación con otras personas, la relación con uno misma, y la vida misma, cada día que Dios nos da es una bendición. Aprendemos a ser mejores personas y al hacer esto vamos a tener mejor relación con el prójimo. La misericordia y el amor se desarrollan cuando estas en adversidad y agradece uno cada mínima cosa que alguien pueda hacer por ti. Yo agradezco mucho a hermanas que me llamaban o me mandaban mensajes. La hermana Alma siempre me estaba mandando mensajes, en sus mensajes siempre me decía:

"¿Como amaneció?" "¿Como se siente hoy?"

"Échele ganas. estoy orando por usted!"

Esta clase de detalles las agradezco mucho. Cada nuevo día que amanece, y que estamos bien, es un día que se debe de agradecer y aunque no estemos tan bien. En todo tiempo tenemos que ser agradecidos.

Mi relación con mi familia mejoro bastante especialmente con mis hijos. Ellos me enseñaron que realmente les importo y que me aman. Yo no tenia mala relación con mis hijos antes de esto, pero en este tiempo, sentí que el corazón de mis hijos realmente estaba conmigo. Mejoro la comunicación, pasábamos mas tiempo juntos y aprendí a tenerles mas confianza para compartir mis cosas personales y mis necesidades. Al principio me daba pena pedirles algo, no me gustaba sentir que podía llegar a ser una carga para ellos, pero después me di cuenta de que los necesitaba mucho y que estaba bien pedirles ayuda. Yo siempre estuve en todo con ellos y bueno ahora los necesitaba y estuvieron ahí para mi. Aprendimos a conocernos mejor, la relación se hizo mas intima y le doy gracias a Dios por esto.

Mi relación con mi esposo también mejoro, tuvimos que aprender a andar mas tiempo juntos, el tiempo que no podía manejar, dependía la mayor parte de mi esposo para que me llevara a cualquier lugar y le agradezco mucho por todo su apoyo.

Mi temor mas fuerte fue tener que depender de los demás o llegar a ser una carga para mi familia.

La tormenta pasa, tiene que pasar, simplemente porque la palabra de Dios dice que el siempre nos dará la salida. Después de la tormenta siguen las bendiciones, la biblia esta llena de promesas y esas promesas se cumplen para el que honra a Dios. Solo hay que ver la vida de Job, Dios no lo dejo tirado, Dios lo restauró y le multiplicó las bendiciones, le dio mucho mas de lo que tenia.

Yo estoy confiada esperando esas bendiciones y creyendo que Dios volverá a usar mi vida para bendecir a otros

Y bendijo Jehová el postrer estado de Job mas que el primero; Job 4

14

Agradecimiento

Tengo mucho que agradecerle a Dios por lo que ha hecho en mi vida, le doy a Dios gracias por haber depositado su confianza en mi. Si Dios probo mi fe es porque tuvo confianza en que iba a poder resistir y que iba a luchar hasta tener la victoria. Le doy gracias a Dios por que ha puesto en mi un espíritu de guerrera, El sabe que no me doy por vencida tan fácilmente. Cuando uno esta en batalla, se puede debilitar, no hay nada malo en eso. Nos podemos debilitar y caer un poco y esta bien; lo que no esta bien es quedarse debilitado. Dios es nuestra fortaleza y tenemos que luchar hasta volver a levantarnos y cuando uno se levanta, se levanta con mas fuerzas, Los que confían en Jehová, serán levantados; El da fuerzas al cansado. Estas son palabras que estaban en mi mente cuando me sentía sin fuerzas para luchar.

Y le decía a Dios: "Ya no tengo fuerzas, pero cuanto con las tuyas".

Contamos con su fortaleza en todo tiempo, No es esto una gran bendición?

Hay muchas personas que tengo que agradecer:

Familia

Nuevamente le doy gracias a mi esposo por su apoyo, por todo lo que pudo hacer por mi. El es el único que realmente sabe de los tiempos mas obscuros y difíciles que pase. Yo siempre trataba de proteger a mis hijos, no me quejaba mucho con ellos para no preocuparlos, especialmente de mi hijo Nathan el mas chico, cuando me sentía muy mal trataba de esconderme de el para no preocuparlo. Mi esposo estuvo ahí, no sabia que hacer, pero estaba ahí. Las noches de dolor y las lagrimas que derrame, el las vio. La gran parte del tiempo que estuve en Florida el estuvo conmigo.

Gracias a Dios por la vida de mis hijos Nallely y Jesse cuando ella supo realmente lo que era y la seriedad del problema empezó a apoyarme mas. Nos juntábamos seguido en su casa para orar, ella oraba por mi y siempre me decía que Dios me iba a sanar. Ella hizo varias investigaciones de clínicas y doctores. Ella fue la que llamo a la clínica de florida para pedir información. Nallely siempre me daba animo y nunca dudo que Dios me iba a sanar completamente. Jesse siempre estaba llamándome y viendo en que podía ayudarme. Cuando estuve en florida me visitaron por una semana, esto significo mucho para mi y se los agradezco mucho.

Nallely me escribió una carta muy bonita que quiero compartir.

Querida Mama,   Abril 5, 2019

"Me ha dolido verte en dolor recientemente. Yo se que tratas de ser fuerte, pero yo se que, aunque no lo digas en palabras, se te ve en la cara que estas sufriendo. Es muy triste que tengas que pasar por esto, pero Dios sabe lo que hace, aunque nosotros no lo entendamos. Hoy estuve orando y Dios me dio una palabra para ti. El te esta dando la sabiduría para que esta enfermedad se vaya de tu cuerpo a través de los remedios naturales. Lo que estas haciendo hoy te esta ayudando, aunque quizás el proceso es lento.

Un día vas a dar tu testimonio de como luchaste día tras día en contra de esa enfermedad latosa. Dios te quiere usar para que ayudes a otra gente a sanar de esta enfermedad.

Dios va a hacer el milagro, yo lo se, pero será un proceso y tienes que seguir la guianza del Espíritu Santo. El te va a dar entendimiento y sabiduría para que cures tu cuerpo con lo natural.

La gente necesita saber tu historia, así que ponte a escribir tu historia detalle por detalle: dolor, lagrimas, sufrimientos, todo lo que estas pasando. Hay mas gente luchando con esta enfermedad sin conocimiento de lo natural, entonces es donde tu entras y les das un consejo. De este sufrimiento tu darás a luz un destino glorioso que Dios tiene para ti. De esta historia hay un libro que esta por escribirse. La gente necesita escuchar que en Dios hay esperanza y que el nos da la guianza y las fuerzas para seguir adelante. Dios te esta guiando paso por paso en este proceso. El no se ha olvidado de ti, el escucha tu llanto, pero también tenemos que seguir orando. Tenemos que seguir juntándonos mes tras mes en unidad hasta que Dios haga el milagro. Ya se que lo que quieres mas es estar sana, pero espera un rato mas. Dios esta obrando y esta es una respuesta a tus oraciones.

Así que te animo, sigue adelante por tus hijos, esposo, familia, y ya veras como va a obrar el Señor. Nosotros estamos orando por ti, no se te olvide. Es tiempo de que empieces a escribir tu historia. Solo tu sabes todo lo que has luchado, entonces te animo que empieces y cuando tengas el libro escrito, vas a estar 100% sana y sin dolor! Tenemos que declararlo y creer en Dios solamente. Te quiero mucho mama! Aunque no lo exprese, si te quiero, también Levi y Jesse te quieren".

Mi hija Genesis que ya no vive conmigo, pero también conté con su apoyo. Varias veces me iba con ella a Lubbock, donde vive y me llevaba a diferentes terapias. Como dije, hice de todo. En Lubbock iba a masajes, a la cámara hiperbárica, acupuntura, etc. Estas terapias ayudan bastante, pero una vez que las dejas, vuelves a estar igual. Genesis me llevaba, fue conmigo cuando estuve yendo a un Dr. En Dallas, también me visito por una semana cuando estuve en Florida. ¡Te agradezco mija lo que hiciste por mi!

Mi hijo Nathan, me apoyo bastante ya que todavía esta en casa, a el le toco llevarte a las citas medicas, a la tienda, o a veces el hacia las compras del mandado por mi. Mientras estuve en florida fue el primero que me visito, se quedo conmigo por 2 meses, todo este tiempo me estuvo llevando todos los días a la clínica para el tratamiento y a cualquier parte que necesitaba ir. Esto nos ayudo bastante ya que mi esposo pudo regresar a casa. "Gracias mijo"

Les agradezco a mis hermanos y a mis padres por su apoyo, su ayuda incondicional y por sus oraciones, siempre estuvieron al pendiente de mi. El tiempo que estuve en Florida fue largo y difícil, muy lejos de mi familia, pero gracias a la tecnología los sentía cercanos, llamadas en "Facetime" todos los días, los "Snapchat" de mi hermana Erne todos los días, esto me ayudaba bastante a sentirlos cerca y a no sentirme tan sola.

Amigas

Tengo muchas personas a las que debo de agradecer, hermanos de la iglesia y amigas. Mi amiga de siempre. Elda ha sido mi amiga desde que estábamos en la prepa, algunos añitos atrás, nomas algunos! Siempre hemos estado en comunicación, pero el tiempo que estuve mal, ella me llamaba con mas frecuencia. Cuando fui a doctores en México, varias veces fue conmigo. Siempre la estuve molestando cuando necesitaba medicamentos de México o cuando necesitaba que me recogiera algunos de los estudios que me hice. Cuando estuve en Florida y me sentía sola o triste, le llamaba a Elda porque ella siempre me hace reír con sus chistes. Hablar con una amiga ayuda bastante, una amiga que ama como eres, que sabe escuchar y entender es algo muy valioso y eso eres para mi.

¡Gracias, amiga!

Tengo a otra amiga que se llama Yolanda a la que quiero agradecer, también a ella la conozco hace muchos años, ella fue mi compañera en el ministerio por muchos años, empezamos a trabajar juntas en la célula y es alguien que me conoce muy bien en la que puedo confiar. Un día muy temprano en la mañana, como a las 7 de la mañana, estaba yo orando cuando alguien toco mi puerta, me sorprendí porque era muy temprano. Era Yolanda y me dijo: "vengo a orar con usted".

Estando en Florida, un día estaba en el carro en el estacionamiento de Wal-Mart, esperando por mi hija, cuando recibí una llamada. Era mi amiga Yolanda y me dijo:

"la llame para ver como esta", empezamos a hablar y de pronto empezó a orar y la presencia de Dios fue tan hermosa y fuerte que me fortaleció bastante. Le agradezco mucho por sus oraciones. todo el tiempo que estuve mal, ella estuvo orando por mi, siempre me decía: "todos los días estoy orando por usted".

Yo me sentía cubierta porque sabia que estaba orando por mi.

Muchas gracias, Yolanda por su apoyo incondicional, no tengo palabras suficientes para agradecerle.

También doy gracias a una persona muy querida, Sarita. Ella siempre me mandaba mensajes. Cada día me mandaba un versículo de la biblia o una oración, también me decía palabras de animo, de esperanza y se lo agradezco mucho. Me animaban mucho sus mensajes ya que foralecia mi fe. Siempre me daba a entender que con Cristo somos capaces de sobrepasar cualquier circunstancia por muy difícil que esta parezca.

Cuando ya estaba en casa, de regreso de la clínica, una dia me visito y me regalo un diario que me gusto mucho y el cual leo constantemente.

Muchas gracias Sarita por tomarte el tiempo de orar por mi y por todo tu cariño. Te lo agradezco muchísimo.

Otra persona muy especial para mi a la que quiero mucho es Eliza, ella también siempre me llamaba, cuando me encontraba en los pasillos de la iglesia, siempre se detenía y me preguntaba:

"Como esta?" me tomaba las manos y me decía: "vamos a orar"

Un día me mando este mensaje:

"Quiero compartir este versículo, estaba orando por usted y este versículo se me vino a mi mente".

> *"Así que no temáis; mas valéis vosotros que muchos pajarillos." Mateo 10:31*

"Hermana todos a veces somos golpeados con temor y tomados con alarma, pero Dios nos muestra que valemos mas nosotros que muchos pajaritos, porque eso nos demuestra que somos lo mejor para

El. Que lindo es el Señor. ¡Dios la siga fortaleciendo y no esta sola! Aquí estaré pidiendo al Señor por usted. La quiero mucho."

Gracias Eliza!

También quiero agradecer a mi pastor y al grupo de oración de la Iglesia El Camino que siempre estuvieron orando por mi. Para siempre estaré agradecida por sus oraciones y por su apoyo.

Resumen

La Biblia dice que todos pasaremos por adversidad y también dice que también Dios estará con nosotros en todo tiempo, nunca nos dejara solos en medio de la lucha, pero tenemos que aprender a que las batallas son de El.

Dios es el que nos va a sostener cuando sentimos que ya no podemos luchar ni un día mas, su mano poderosa nos ayuda a seguir caminando.

Vivimos en un mundo controlado por el pecado y la maldad, por lo tanto no estamos exentos del sufrimiento. De hecho, la biblia dice que atraves de muchas tribulaciones entraremos en el reino de Dios. Todos pasaremos por algún tipo de adversidad, unos mas que otros y esto es simplemente porque vivimos en un mundo caído.

El porque tanto sufrimiento a veces no lo podemos entender. Porqué un Dios que nos ama permite tanto dolor y sufrimiento? Es una pregunta que yo me he hecho muchas veces, sin tener una respuesta clara.

Dios nos ama y le importamos, El quiere que tengamos una vida plena y para aprender a vivir esa vida plena, nos lleva por procesos. Si nunca pasamos por enfermedad, entonces como vamos a saber que tenemos un Dios que sana. Si no pasamos por apuros económicos, como podríamos saber que tenemos un Dios que suple. El desierto es una escuela.

La vida física es importante, pero para Dios es mucho mas importante nuestra vida espiritual. El no quiere que nadie se pierda y para entrar allá necesitamos perfeccionar nuestra vida.

Nuestro cuerpo físico poco a poco se va debilitando, se puede enfermar, se puede destruir, pero un día Dios nos dará un cuerpo celestial, el cual no se va a destruir y no va a sufrir dolor.

Cuando Dios calla es un libro que escribí mientras pasaba por tiempo de adversidad. Tiempos difíciles donde clamaba, buscaba día y noche como el salmista y no había respuesta. Dios permaneció en silencio conmigo por mucho tiempo. No había una respuesta para lo que estaba pidiendo; yo solo quería estar sana otra vez, solo quería volver a vivir una vida normal.

Me toco enfrentarme con una enfermedad muy fea que es capaz de comprometer todos los sistemas del cuerpo. El síndrome de Lyme.

En mi opinión creo que esta enfermedad y cualquier otra enfermedad por bacteria se debería de tratar de la siguiente manera:

1. Controlar los síntomas

Es muy importante poder controlar los síntomas, especialmente el dolor, la persona debe sentirse un poco mejor para poder luchar con esto. Yo luche por mucho tiempo porque no quería tomar medicamentos para el dolor, a veces es necesario tomarlos por un tiempo y luego tratar de buscar otras alternativas para ir dejando los medicamentos.

2. Suprimir las bacterias

Tenemos que controlar las bacterias ya sea con antibióticos o con hierbas, al mantener las bacterias bajo control se va a bajar una gran carga del cuerpo y el sistema inmunológico va a empezar a fortalecerse y así el cuerpo se va a ir mejorando poco a poco, los síntomas van a ir disminuyendo gradualmente.

3. Restaurar la función inmunológica

Como lo mencione anteriormente, restaurar el sistema inmunológico es la clave para recuperar la salud. Tenemos que llegar al punto donde el propio cuerpo funcione por si mismo y sea capaz de mantener las bacterias bajo control, sin necesidad de antibióticos o de hierbas, para lograr esto se puede llevar mucho tiempo y mucho esfuerzo dependiendo de la severidad del daño. Un sistema inmunológico fuerte es capaz de destruir cualquier patógeno.

Las personas que murieron por el Covid-19 o las que mueren cada año por la influenza, murieron porque tenían un sistema inmunológico comprometido, o cualquier otra condición crónica que compromete el sistema inmunológico.

4. Restaurar el daño ocasionado

Después que se ha tratado Lyme con antibióticos o con el uso de hierbas, se pueden seguir presentando síntomas por mucho tiempo mas. Las espirochetas se han ido o por lo menos están bajo control, pero permanece el daño. Es como cuando tiene un choque en tu carro, el accidente paso, pero permanece el daño.

Algunos síntomas no se van a ir hasta que se haya reparado el daño. Las espirochetas dañan el tejido del colágeno, principalmente en el sistema nervioso. Entonces tenemos que ver que tanto daño ocasionaron estas bacterias para tratar de repararlo. Debemos reparar el colágeno, los tejidos, la función de los nervios, la digestión, la función del cerebro, etc.

Lo que a mi mas me daño fue los nervios, sanar los nervios es difícil y muy frustrante. Yo tuve síntomas por mucho tiempo mas después del tratamiento. El dolor de los nervios es debilitante y puede tardar mucho tiempo para sanar, inclusive años.

Quiero decirles que hay esperanza, sobre todo para todos los que confían en Jehova.

Debemos de luchar y luchar hasta que llegue la respuesta. Cuando mas mal me sentía, siempre pensaba en que días mejores estaban por llegar. Mañana será un nuevo día y un nuevo día trae luz y esperanza.

Nunca se de por vencido!

Amado Dios te alabo y te doy gracias porque me permitiste escribir este libro en medio de este tiempo tan difícil que me ha tocado vivir. Te pido que este libro pueda ser de bendición para alguien más. Señor te pido que cada persona que lea este libro y este pasando por una enfermedad crónica o por cualquier tiempo de adversidad, sea tocada por ti, que tu mano de poder este sobre todo aquel que esta sufriendo, que puedan encontrar fortaleza y paz en ti y puedan ser sanados. En el nombre de Jesús. Amen

> *Pero los que esperan en Jehová tendrán nuevas fuerzas; levantarán alas como las águilas; correrán, y no se cansarán; caminarán, y no se fatigarán. Isaías 40:31*

Referencias

Capitulo 1, 2,3

1   Santa Biblia Revision de 1960, Broadman & Holman Publishers, Nashville, Tennessee

Capitulo 4

2   Santa Biblia Revision de 1960, Broadman & Holman Publishers, Nashville, Tennessee All https://www.allaboutjesuschrist.org/

Capitulo 5

3   Santa Biblia Revision de 1960, Broadman & Holman Publishers, Nashville, Tennessee

Capitulo 6

4   Santa Biblia Revision de 1960, Broadman & Holman Publishers, Nashville, Tennessee

Capitulo 7

5   Rawls MD Unlocking Lyme, First DoNo Harm Publishing, First Printing, 2017
6   Alternative Medicine The Definite Guide, Second Edition, Larry Trivier, Jr. John W. Anderson, Editors, Celestial Arts Berkeley, torornto
7   Healing Lyme, Second Edition, revised, expanded, update Stephen Horrod Buhner; Raven Press
8   Neil Spector, M.D Gone in a Heart Beat,Printing 2015; Triton Press

Capitulo 8

9   https://sponauglewellness.com/
10 https://townsendletter.com/July2015/bartonellosis0715.html
     https://rawlsmd.com/health-articles
11 Healing Lyme, Second Edition, revised, expanden, updated,
12 Sthepehn Harrod Buhner, Raven Press

Capitulo 9

13 https://rawlsmd.com/herbs
     Healing Lyme, Second Edition, revised, expanded, update Sthepen Horrod Buhner; Raven Press

Capitulo 10

14 https://vitalplan.com/immunity-boost-camp/
15 Santa Biblia Revision de 1960, Broadman & Holman Publishers, Nashville, Tennessee
16 Pensamientos de poder, Joyce Meyer, publicado por Faith Words, Primera edición, Septiembre, 2010

Capitulo 12

17 Santa Biblia Revision de 1960, Broadman & Holman Publishers, Nashville, Tennessee

Capitulo 13

18 Santa Biblia Revision de 1960, Broadman & Holman Publishers, Nashville, Tennessee

Sobre la Autora

Alicia Herrera, es una mujer que ha tenido su fe fundada en Cristo y en la palabra de Dios. Ha sido cristiana por mas de 20 años sirviendo en la iglesia local en diferentes areas, sobre todo en el liderazgo, trabajando con los grupos celulares. Alicia es madre de 3 hijos y de un nieto, todos residen en Odessa, Tx.

Alicia fue golpeada por la adversidad, su salud fue afectada y paso por un proceso muy largo y dificil. Despues de ser una persona muy activa y trabajadora, se encontro limitada fisicamente por lo que tuvo que estar confinada en su casa por mucho tiempo. Fue afectada con Lyme disease y otros problemas de salud cronicos. Ella a adquirido un gran conocimiento acerca de este tema, por lo cual, su deseo es poder ayudar a otras personas que estan pasando por lo mismo a recuperar su salud. Ella es autora del libro Recupera Tu Salud Atravez de la Nutricion y ha trabajado en la salud holistica por muchos años.

Printed in the United States
By Bookmasters